CODE

DE LA LÉGION-D'HONNEUR

DES DÉCORÉS

DES MÉDAILLES DE CRIMÉE,
DE SAINTE-HÉLÈNE

ORDRES ÉTRANGERS

SUIVI DE

LA LÉGISLATION

RÉGLER DE SUR LES CHANGEMENTS
ET ADDITIONS DE NOMS

PAR

[illegible], Docteur en droit, ancien membre
Tribunal de [illegible] l'Yonne

renfermant l'analyse de tous les textes
nécessaires à leur intelligence,
la justice militaire pour l'armée de terre,
criminelle [illegible] pénal et
[illegible] de l'armée, etc.

PARIS

CHEZ MADAME VEUVE QUIN

REPORT

[illegible]

[illegible]

[illegible]

[illegible]

[illegible]

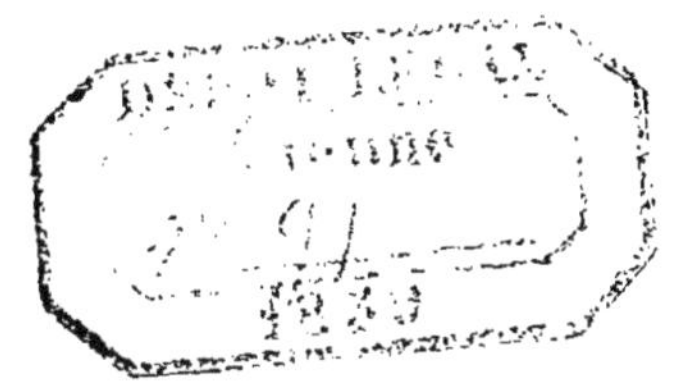

CODE

DES

MEMBRES DE LA LÉGION-D'HONNEUR.

CODE

DES

MEMBRES DE LA LÉGION-D'HONNEUR

DES DÉCORÉS

DE LA MÉDAILLE MILITAIRE, DES MÉDAILLES DE CRIMÉE,
DE LA BALTIQUE, DE SAINTE-HÉLÈNE

ET DES ORDRES ÉTRANGERS

SUIVI DE

LA LÉGISLATION

SUR LES TITRES DE NOBLESSE ET SUR LES CHANGEMENTS
ET ADDITIONS DE NOMS

PAR

L. TRIPIER

Avocat à la Cour impériale de Paris, Docteur en droit, ex-membre
du Conseil général de l'Yonne,

Auteur des *Codes français* annotés de tous les textes
du *Droit ancien et intermédiaire* nécessaires à leur intelligence,

du *Commentaire* du Code de justice militaire pour l'armée de terre,
suivi des Codes d'instruction criminelle et pénal et
des lois organiques de l'armée, etc.

PARIS

LIBRAIRIE DE MADAME MAYER-ODIN

PLACE DAUPHINE, 24.

—

1859.

CODE DES MEMBRES

DE LA

LÉGION-D'HONNEUR.

DÉCRET organique de la Légion-d'Honneur, du 16 mars 1852 (1).

Louis-Napoléon, président de la république française,

Vu l'ordonnance du 26 mars 1816 et les décrets des 24 mars 1851, 22 janvier 1852, 25 janvier 1852, 29 février 1852 ;

Considérant que l'ordonnance précitée n'a pas été abrogée, bien qu'elle soit en partie tombée en désuétude ;

Qu'il est nécessaire de réunir dans un seul décret organique les statuts de la Légion-d'Honneur, afin de coordonner l'ordonnance de 1816 avec les lois et décrets subséquens ;

Sur la proposition du maréchal grand chancelier de la Légion-d'Honneur,

Décrète :

---

(1) J'ai commencé ce Code par le décret organique du 16 mars 1852, décret qui est de beaucoup le plus important de la matière. Les autres actes législatifs sont rapportés à la suite et dans leur ordre chronologique.

1

TITRE PREMIER.

ORGANISATION ET COMPOSITION DE L'ORDRE.

ART. PREMIER. La Légion-d'Honneur est instituée pour récompenser les services civils et militaires.

2. Le président de la république est chef souverain et grand maître de l'ordre.

3. La Légion-d'Honneur est composée de chevaliers, d'officiers, de commandeurs, de grands officiers et de grands-croix.

4. Les membres de l'ordre sont à vie.

5. Le nombre des chevaliers n'est pas limité; néanmoins, comme ce nombre est aujourd'hui trop considérable, il ne sera fait dans le civil qu'une promotion sur deux extinctions jusqu'en 1856.

Le nombre des officiers est fixé à quatre mille; celui des commandeurs, à mille; celui des grands officiers, à deux cents; celui des grands-croix, à quatre-vingts.

6. Le nombre des grands officiers, commandeurs et officiers dépassant les limites fixées, il ne sera fait dans ces divers grades, tant au civil qu'au militaire, qu'une nomination ou promotion sur deux vacances, jusqu'à ce que l'on soit rentré dans le cadre.

7. Les étrangers seront admis et non reçus; ils ne prêtent aucun serment et ne figurent pas dans le cadre fixé.

TITRE II.

FORME DE LA DÉCORATION ET MANIÈRE DE LA PORTER.

8. La décoration de la Légion-d'Honneur est, comme sous l'empire, une étoile à cinq rayons doubles surmontée d'une couronne.

Le centre de l'étoile, entouré de branches de chêne et de laurier, présente d'un côté l'effigie de *Napoléon, empereur des Français,* et de l'autre côté l'aigle avec la devise *Honneur et patrie.*

9. L'étoile, émaillée de blanc, est en argent pour les chevaliers et en or pour les officiers, commandeurs, grands officiers et grands-croix. Le diamètre est de quarante millimètres pour les chevaliers et officiers, et de soixante pour les commandeurs (1).

10. Les chevaliers portent la décoration attachée par un ruban moiré rouge , sans rosette, sur le côté gauche de la poitrine.

Les officiers la portent à la même place et avec le même ruban, mais avec une rosette.

(1) **AVIS** du grand chancelier aux membres de l'ordre sur la manière de porter, dans l'exercice de leurs fonctions, les insignes déterminés pour chaque grade.

Le grand chancelier de l'ordre impérial de la Légion-d'Honneur rappelle aux membres de l'ordre que, si, par tolérance, il est permis, dans les relations privées et sur l'habit de ville , de porter un simple ruban ou des croix d'un diamètre différent de celui prescrit par les statuts de l'ordre, ils ne peuvent porter dans l'exercice de leurs fonctions, sur le costume officiel ou sur l'uniforme, que les insignes déterminés, pour chaque grade, par les articles 9 et 10 du décret organique du 16 mars 1852, et selon la forme prescrite par le décret du 31 janvier précédent.

Les commandeurs portent la décoration en sautoir attachée par un ruban moiré rouge plus large que celui des officiers et chevaliers.

Les grands officiers portent sur le côté droit de la poitrine une plaque ou étoile à cinq rayons doubles diamantée tout argent, du diamètre de quatre-vingt-dix millimètres ; le centre représente l'aigle avec l'exergue *Honneur et patrie ;* ils portent, en outre, la croix d'officier.

Les grands-croix portent un large ruban, moiré rouge, en écharpe, passant sur l'épaule droite, et au bas duquel est attachée une croix semblable à celle des commandeurs, mais ayant soixante-dix millimè-tres de diamètre. De plus, ils portent sur le côté gauche de la poitrine une plaque semblable à celle des grands officiers (1).

TITRE III.

ADMISSION ET AVANCEMENT DANS L'ORDRE.

11. En temps de paix, pour être admis dans la Lé-gion-d'Honneur, il faut avoir exercé pendant vingt ans, avec distinction, des fonctions civiles ou mili-taires.

12. Nul ne peut être admis dans la Légion-d'Hon-neur qu'avec le premier grade de chevalier.

13. Pour être nommé à un grade supérieur il est indispensable d'avoir passé dans le grade inférieur, savoir :

(1) *Voyez* l'avis du grand chancelier rapporté p. VII.

1º Pour le grade d'officier, quatre ans dans celui de chevalier ;

2º Pour le grade de commandeur, deux ans dans celui d'officier ;

3º Pour le grade de grand officier, trois ans dans celui de commandeur ;

4º Pour le grade de grand-croix, cinq ans dans celui de grand officier.

14. Chaque campagne est comptée double aux militaires dans l'évaluation des années exigées par les articles 11 et 13, mais on ne peut jamais compter qu'une campagne par année, sauf les cas d'exception qui doivent être déterminés par un décret spécial.

15. En temps de guerre, les actions d'éclat et les blessures graves peuvent dispenser des conditions exigées par les articles 11 et 13 pour l'admission ou l'avancement dans la Légion-d'Honneur.

16. En temps de paix, comme en temps de guerre, les services extraordinaires, dans les fonctions civiles ou militaires, les sciences et les arts, peuvent également dispenser de ces conditions, mais sous la réserve expresse de ne franchir aucun grade.

17. Pour donner lieu aux dispenses mentionnées dans les articles précédens, les actions d'éclat, blessures ou services extraordinaires doivent être dûment constatés.

Les propositions devront expliquer avec détail le fait pour lequel on demande la décoration ; elles seront transmises par la voie hiérarchique au ministre compétent, qui les présentera au chef de l'Etat.

18. Sauf les cas extraordinaires mentionnés aux précédens articles, il n'y aura de nominations et promotions dans l'ordre qu'au 1er janvier et au 15 août.

19. Dans le mois qui précède chacune de ces époques, le grand chancelier arrêtera, en conseil de l'ordre, le tableau des vacances, conformément à l'article 6, et prendra les ordres du chef de l'Etat pour la répartition à faire entre les différens ministères.

20. Sur l'avis que le grand chancelier leur donnera, les ministres lui adresseront les listes des personnes qu'ils jugeront avoir mérité cette distinction.

21. De la réunion de ces listes, le grand chancelier formera un corps de décrets qu'il soumettra à l'approbation du chef de l'Etat.

22. Les ministres, après chaque nomination ou promotion, expédient des lettres d'avis à toutes les personnes nommées dans leurs ministères.

Ces lettres d'avis leur prescrivent de se pourvoir auprès du grand chancelier pour obtenir l'autorisation nécessaire de se faire recevoir, d'être décoré, et l'expédition du brevet.

23. Toutes demandes de nomination ou de promotion qui seront adressées ou soumises au président de la république, par quelque personne que ce soit autre que les ministres, seront renvoyées au grand chancelier, qui en fera le rapport et présentera des projets de décrets, s'il y a lieu.

24. A l'avenir, nul ne pourra porter la décoration du grade auquel il aura été nommé ou promu qu'après sa réception, à moins que cette décoration ne lui soit remise directement par le chef de l'État.

TITRE IV.

MODE DE RÉCEPTION DES MEMBRES DE L'ORDRE ET DU SERMENT.

25. Les grands-croix et les grands officiers prêtent serment entre les mains du chef de l'Etat, et reçoivent de lui leur décoration.

26. En cas d'empêchement, le grand chancelier ou un grand fonctionnaire du même rang dans l'ordre sera délégué pour recevoir le serment et procéder aux réceptions. Dans l'un et l'autre cas, le grand chancelier prendra les ordres du chef de l'Etat.

27. Le grand chancelier désigne, pour procéder aux réceptions des chevaliers, officiers et commandeurs, un membre de l'ordre d'un grade au moins égal à celui du récipiendaire.

28. Les militaires de tout grade et de toutes armes de terre et de mer, les membres des administrations qui en dépendent, seront reçus à la parade.

29. Le récipiendaire prête le serment ci-après : « Je jure fidélité au Président de la république, à l'honneur et à la patrie; je jure de me consacrer tout entier au bien de l'Etat, et de remplir les devoirs d'un brave et loyal chevalier de la Légion-d'Honneur. »

30. L'officier chargé de la réception d'un militaire, après avoir reçu son serment, le frappe du plat de l'épée sur chaque épaule, et, en lui remettant son brevet ainsi que sa décoration, au nom du Président de la république, lui donne l'accolade.

31. Il ne pourra être porté cumulativement avec

l'ordre de la Légion-d'Honneur aucun ordre étranger, sans l'autorisation du chef de l'Etat, transmise par le grand chancelier.

32. Il est adressé au grand chancelier un procès-verbal de chaque réception. Des règlemens particuliers déterminent les modèles de procès-verbaux de réception.

TITRE V.

PENSIONS, BREVETS ET PRÉROGATIVES.

33. Tous les officiers, sous-officiers et soldats de terre et de mer en activité de service nommés ou promus dans l'ordre de la Légion-d'Honneur postérieurement au décret du 22 janvier 1852, recevront, selon leur grade dans la Légion, l'allocation annuelle suivante :

Les légionnaires, 250 fr.;

Les officiers, 500 fr.;

Les commandeurs, 1,000 fr.;

Les grands officiers, 2,000 fr.;

Les grands-croix, 3,000 fr.

La valeur des décorations sera imputée sur la première annuité.

34. Les mêmes pensions sont accordées à tous les officiers de terre et de mer, membres de la Légion-d'Honneur, mis en retraite après le 22 janvier 1852.

35. Des brevets, revêtus de la signature du président de la république et contre-signés du grand chancelier, seront délivrés à tous les membres de la Légion-d'Honneur nommés ou promus à l'avenir.

36. On porte les armes aux officiers et chevaliers ;

on les présente aux grands-croix et grands officiers et aux commandeurs.

37. Les grands-croix et les grands officiers recevront les mêmes honneurs funèbres et militaires que les généraux de division et les généraux de brigade non employés, et, s'ils sont officiers généraux, ils seront considérés comme morts dans l'exercice de leur commandement.

Les commandeurs sont assimilés aux colonels, les officiers aux chefs de bataillon, les chevaliers aux lieutenans.

Dans l'ordre civil, les honneurs funèbres et militaires seront rendus par la garde nationale aux commandeurs, officiers et chevaliers.

TITRE VI.

DISCIPLINE DES MEMBRES DE L'ORDRE.

38. La qualité de membre de la Légion-d'Honneur se perd par les mêmes causes que celles qui font perdre la qualité de citoyen français.

39. L'exercice des droits et des prérogatives des membres de la Légion-d'Honneur est suspendu par la même cause que celles qui suspendent les droits de citoyen français (1).

(1) **AVIS** du grand chancelier de la Légion-d'Honneur, relatif aux membres de l'ordre qui sont en état de faillite ou frappés par des jugemens emportant suspension des droits civils ou politiques.

Le grand chancelier de l'ordre impérial de la Légion-d'Honneur rappelle aux membres de l'ordre que, l'état de faillite emportant la suspension légale des droits et prérogatives attachés à la qualité de membre de la Légion-d'Honneur, aux

40. Les ministres de la justice, de la guerre et de la marine transmettent au grand chancelier des copies de tous les jugemens en matière criminelle, correctionnelle et de police, relatifs à des membres de l'ordre.

41. Toutes les fois qu'il y aura eu recours en cassation contre un jugement rendu en matière criminelle, correctionnelle ou de police, relatif à un légionnaire, le procureur général auprès de la cour de cassation en rend compte, sans délai, au ministre de la justice, qui en donne avis au grand chancelier de la Légion-d'Honneur.

42. Les procureurs généraux auprès des cours d'appel et les rapporteurs près des conseils de guerre ne peuvent faire exécuter aucune peine infamante contre un membre de la Légion qu'il n'ait été dégradé.

43. Pour cette dégradation, le président de la cour d'appel, sur le réquisitoire de l'avocat général, ou le président du conseil de guerre, sur le réquisitoire

termes de l'arrêté du 24 ventôse an XII, de l'article 39 du décret organique du 16 mars 1852 et de l'article 2 du décret du 24 novembre suivant, ceux des légionnaires qui se trouvent dans cette position, doivent immédiatement quitter les insignes de l'ordre jusqu'au moment de leur réhabilitation prononcée par arrêt judiciaire, sous peine d'être poursuivis conformément à l'article 259 du Code pénal.

Aux termes des dispositions ci-dessus visées, la suspension des droits et prérogatives attachés à la qualité de membre de la Légion-d'Honneur est également la conséquence légale de toute décision judiciaire emportant suspension des droits civils et politiques, aussi longtemps que dure l'effet de cette décision.

du rapporteur, prononce, immédiatement après la lecture du jugement, la formule suivante : « Vous avez manqué à l'honneur : je déclare, au nom de la Légion, que vous avez cessé d'en être membre. »

44. Les chefs militaires de terre et de mer rendent aux ministres de la guerre et de la marine un compte particulier de toutes les peines graves de discipline qui ont été infligées à des légionnaires sous leurs ordres.

Ces ministres transmettent des copies de ce compte au grand chancelier.

45. La cassation d'un chevalier de la Légion, sous-officier en activité, et le renvoi d'un soldat ou d'un marin chevalier de la Légion-d'Honneur, ne peuvent avoir lieu que d'après l'autorisation des ministres de la guerre et de la marine. Ces ministres ne peuvent donner cette autorisation qu'après en avoir informé le grand chancelier, qui prendra les ordres du président de la république.

46. Le chef de l'État peut suspendre, en tout ou en partie, l'exercice des droits et prérogatives, ainsi que le traitement attaché à la qualité de membre de la Légion-d'Honneur, et même exclure de la Légion, lorsque la nature du délit et la gravité de la peine prononcée correctionnellement paraissent rendre cette mesure nécessaire.

TITRE VII.

ADMINISTRATION DE L'ORDRE.

47. L'administration de l'ordre est confiée à un grand chancelier, qui travaille directement avec le

chef de l'État ; il entre au conseil des ministres toutes les fois que le président juge convenable de l'y appeler pour discuter les intérêts de l'ordre.

48. Un secrétaire général, nommé par le président de la république, est attaché à la grande chancellerie; il a la signature en cas d'absence ou de maladie du grand chancelier, et le représente.

49. Le grand chancelier est dépositaire du sceau de l'ordre.

50. Tous les ordres étrangers sont dans les attributions du grand chancelier de la Légion-d'Honneur.

51. Les décrets relatifs à la Légion-d'Honneur sont contre-signés par le ministre d'Etat, et visés par le grand chancelier pour leur exécution.

52. Le grand chancelier présente au chef de l'État :

1° Les rapports, projets de décrets, règlemens et décisions concernant la Légion-d'Honneur et les ordres étrangers ;

2° Les candidats présentés par les ministres, par d'autres personnes ou par lui, pour les nominations ou promotions ;

3° Il prend ses ordres à l'égard des ordres étrangers conférés à des Français ;

4° Il transmet l'autorisation de les porter ;

5° Il soumet à l'approbation du chef de l'Etat le travail relatif aux gratifications extraordinaires des membres de l'ordre, ainsi qu'à l'admission et à la révocation des élèves pensionnaires et gratuites dans les maisons d'éducation de l'ordre ;

6° Il dirige et surveille toutes les parties de l'administration de l'ordre, ses établissemens, la perception des revenus, les payemens et dépenses ;

7° Il présente annuellement les projets de budget, préside les assemblées de canaux, etc.

53. La cour des comptes est chargée de l'apurement et règlement des comptes et dépenses annuelles de la Légion-d'Honneur.

54. Un conseil de l'ordre est établi près du grand chancelier, qui le réunit tous les mois.

Le conseil de l'ordre se compose comme suit : le grand chancelier, président; le secrétaire général, vice-président; dix membres de l'ordre; plus, un secrétaire à la nomination du grand chancelier et aux appointemens de six mille francs.

55. Les membres du conseil sont nommés par le président de la république.

Le conseil sera renouvelé par moitié tous les deux ans.

Les membres sortans pourront être renommés.

Lors du premier renouvellement, les membres sortans seront désignés par le sort.

56. Le grand chancelier et le conseil veilleront à l'observation des statuts et règlemens de l'ordre et des établissemens qui en dépendent.

Le conseil donnera son avis :

1° Sur la répartition des nominations et promotions dans la Légion-d'Honneur entre les divers ministères et la grande chancellerie;

2° Sur l'établissement du budget de la Légion-d'Honneur et sa répartition entre les diverses branches du service de la grande chancellerie;

3° Sur le règlement des comptes de recettes et dépenses de ces services;

4° Sur les mesures de discipline à prendre envers les membres de l'ordre;

5° Sur toutes questions pour lesquelles le grand chancelier jugera utile de provoquer son avis.

57. Il sera publié tous les ans, par les soins et sous la direction de la grande chancellerie , un annuaire de l'ordre de la Légion-d'Honneur.

58. Toutes les dispositions antérieures, contraires à celles du présent décret, sont abrogées.

LOI du 29 floréal an X (19 mai 1802), portant création d'une Légion-d'Honneur (1).

AU NOM DU PEUPLE FRANÇAIS,

BONAPARTE , premier consul , PROCLAME loi de la république le décret suivant , rendu par le corps législatif le 29 floréal an X , conformément à la proposition faite par le gouvernement, le 25 dudit mois, communiquée au tribunat le 27 suivant.

DÉCRET.

TITRE PREMIER.

CRÉATION ET ORGANISATION DE LA LÉGION-D'HONNEUR.

ART. PREMIER. En exécution de l'article 87 de la constitution , concernant les récompenses militaires, et pour récompenser aussi les services et les vertus civiles, il sera formé une Légion-d'Honneur.

2. Cette Légion sera composée d'un grand conseil d'administration , et de quinze cohortes , dont chacune aura son chef-lieu particulier.

(1) J'ai rapporté en entier cette loi (qu'il est encore utile de consulter pour la fixation des traitemens des légionnaires nommés sous son empire), afin de montrer ce que cette institution, due au génie de l'empereur Napoléon Ier, était à son origine,

3. Il sera affecté à chaque cohorte, des biens nationaux portant deux cent mille francs de rente.

4. Le grand conseil d'administration sera composé de sept grands officiers, savoir : des trois consuls, et de quatre autres membres, dont un sera nommé entre les sénateurs, par le sénat; un autre entre les membres du corps législatif, par le corps législatif; un autre entre les membres du tribunat, par le tribunat; et un, enfin, entre les conseillers d'Etat, par le conseil d'Etat. Les membres du grand conseil d'administration conserveront, pendant leur vie, le titre de grand officier, lors même qu'ils seraient remplacés par l'effet de nouvelles élections.

5. Le premier consul est, de droit, chef de la Légion, et président du grand conseil d'administration.

6. Chaque cohorte sera composée :

De sept grands officiers,

De vingt commandans,

De trente officiers,

Et de trois cent cinquante légionnaires.

Les membres de la Légion sont à vie (1).

7. Il sera affecté à chaque grand officier, cinq mille francs ;

A chaque commandant, deux mille francs ;

A chaque officier, mille francs ;

Et à chaque légionnaire, deux cent cinquante francs.

Ces traitemens sont pris sur les biens affectés à chaque cohorte.

8. Chaque individu admis dans la Légion, jurera,

______

(1) La grande décoration (grand-croix), fut instituée par le décret du 9 pluviôse an XIII (29 janvier 1805).

sur son honneur, de se dévouer au service de la république, à la conservation de son territoire dans son
intégrité, à la défense de son gouvernement, de ses
lois, et des propriétés qu'elles ont consacrées, de
combattre par tous les moyens que la justice, la raison et les lois autorisent, toute entreprise tendant à
rétablir le régime féodal, à reproduire les titres et
qualités qui en étaient l'attribut ; enfin, de concourir
de tout son pouvoir au maintien de la liberté et de
l'égalité.

9. Il sera établi dans chaque chef-lieu de cohorte,
un hospice et des logemens, pour recueillir, soit les
membres de la Légion que leur vieillesse, leurs in-
firmités ou leurs blessures auraient mis dans l'impos-
sibilité de servir l'État, soit les militaires qui, après
avoir été blessés dans la guerre de la liberté, se trou-
veraient dans le besoin.

TITRE II.

COMPOSITION.

Art. premier. Sont membres de la Légion tous les
militaires qui ont reçu des armes d'honneur.

Pourront y être nommés les militaires qui ont
rendu des services majeurs à l'État dans la guerre de
la liberté ;

Les citoyens qui, par leur savoir, leurs talens, leurs
vertus, ont contribué à établir ou à défendre les principes de la république, ou fait aimer et respecter la
justice ou l'administration publique.

2. Le grand conseil d'administration nommera les
membres de la Légion.

3. Durant les dix années de paix qui pourront suivre la première formation, les places qui viendront à vaquer demeureront vacantes jusqu'à concurrence du dixième de la Légion, et, par la suite, jusqu'à concurrence du cinquième. Ces places ne seront remplies qu'à la fin de la première campagne.

4. En temps de guerre, il ne sera nommé aux places vacantes qu'à la fin de chaque campagne.

5. En temps de guerre, les actions d'éclat feront titre pour tous les grades.

6. En temps de paix, il faudra avoir vingt-cinq années de service militaire pour pouvoir être nommé membre de la Légion ; les années de service en temps de guerre compteront double, et chaque campagne de la guerre dernière comptera pour quatre années.

7. Les grands services rendus à l'État dans les fonctions législatives, la diplomatie, l'administration, la justice ou les sciences, seront aussi des titres d'admission, pourvu que la personne qui les aura rendus ait fait partie de la garde nationale du lieu de son domicile.

8. La première organisation faite, nul ne sera admis dans la Légion qu'il n'ait exercé pendant vingt-cinq ans ses fonctions avec la distinction requise.

9. La première organisation faite, nul ne pourra parvenir à un grade supérieur qu'après avoir passé par le plus simple grade.

10. Les détails de l'organisation seront déterminés par des règlemens d'administration publique : elle devra être faite au 1er vendémiaire an XII, et, passé ce temps, il ne pourra y être rien changé que par des lois.

ORDONNANCE du 26 mars 1816, concernant l'organisation, la composition et l'administration de la Légion-d'Honneur, sous le titre d'*Ordre royal de la Légion-d'Honneur*.

ART. 61. Le roi peut suspendre en tout ou en partie l'exercice des droits et prérogatives attachés à la qualité de membre de la Légion-d'Honneur, et même exclure de la Légion, lorsque la nature du délit et la gravité de la peine prononcée correctionnellement paraissent rendre cette mesure nécessaire.

62. Un règlement particulier détermine les peines à infliger pour les actions qui ne peuvent être l'objet d'aucune poursuite de la part des tribunaux ou des conseils de guerre, et qui cependant attentent à l'honneur d'un membre de la Légion.

LOI du 6 juillet 1820, relative au traitement des membres de la Légion-d'Honneur.

ART. PREMIER. Tous les membres de l'ordre royal de la Légion-d'Honneur qui, antérieurement au 6 avril 1814, recevaient un traitement de deux cent cinquante francs sur les fonds de cet ordre, et les militaires des armées de terre et de mer soit retirés, soit en activité de service, qui, étant sous-officiers ou soldats, ont été nommés chevaliers depuis la même époque, recevront, à partir du second semestre de 1820, sur les fonds du trésor, une somme de cent vingt-cinq francs par an, pour compléter leur traitement et le porter au taux annuel de deux cent cinquante francs.

2. Un fonds d'un million sept cent mille francs est spécialement affecté à la dépense de ce supplément

pour 1820, et sera compris, à cet effet, dans le budget du ministère des finances, pour l'exercice de la même année.

3. Une somme de trois millions quatre cent mille francs sera portée dans le même budget, d'année en année, afin de pourvoir tant à la même dépense qu'à celle qui sera indiquée ci-après.

4. Les fonds qui deviendront libres par l'effet des extinctions dans les différens grades de la Légion-d'Honneur, à partir du 1er janvier 1820, serviront d'abord à payer le traitement de légionnaire aux officiers amputés qui, depuis le 6 avril 1814 jusqu'au 20 mars 1815, ont été nommés membres de l'ordre.

Ces fonds seront ensuite successivement employés à compléter les traitemens des officiers, commandeurs, grands officiers et grands-croix de cet ordre, nommés antérieurement au 6 avril 1814, de manière que tous les membres de l'ordre, officiers à cette époque, reçoivent d'abord annuellement chacun mille francs; puis tous les commandeurs, deux mille francs chacun ; ensuite chaque grand officier, cinq mille francs; et enfin chaque grand-croix, cinq mille francs, ou le traitement qui lui avait été spécialement attribué.

Le tout à compter de l'époque où chaque grade participera aux fonds provenant des extinctions.

5. Il sera rendu, à la session de 1821, un compte particulier de l'emploi du fonds d'un million sept cent mille francs, et à chacune des sessions suivantes, de l'emploi des trois millions quatre cent mille francs. Seront présentés en même temps le compte de la dotation tant en recettes qu'en dépenses, et celui des extinctions qui seront survenues dans les différens grades de l'ordre.

6. Après que les traitemens annuels auront été complétés, ainsi qu'il est réglé par l'article 4, les fonds devenant libres par les extinctions ultérieures seront imputés sur l'allocation annuelle de trois millions quatre cent mille francs, laquelle sera diminuée d'autant dans le budget de l'Etat.

7. Toutes les dispositions des lois, décrets ou ordonnances rendus antérieurement, concernant la fixation des traitemens à payer aux membres de la Légion-d'Honneur et contraires à la présente loi, sont abrogées.

ORDONNANCE du 28 novembre 1831, qui nomme, dans l'ordre royal de la Légion-d'Honneur, aux grades qui leur avaient été conférés du 20 mars au 7 juillet 1815, les personnes désignées en l'état y annexé.

ART. PREMIER. Sont nommées dans l'ordre royal de la Légion-d'Honneur, pour prendre rang à la date de ce jour, aux grades qui leur avaient été conférés dans ledit ordre, du 20 mars 1815 au 7 juillet de la même année inclusivement, par décrets ou arrêtés du gouvernement enregistrés à la grande chancellerie, les personnes dénommées en l'état annexé à la présente ordonnance.

2. Chacun des titulaires desdites nominations devra produire :

1° La lettre d'avis de sa nomination ou promotion;

2° Son acte de naissance ;

3° L'état de ses services ;

4° Un acte de notoriété établissant son identité avec la personne dénommée audit état.

Dans le cas où la production de l'une de ces pièces serait impossible, il y sera suppléé par telles autres que notre grand chancelier déterminera.

LOI du 19 avril 1832, qui accorde un traitement aux membres de la Légion-d'Honneur nommés par ordonnance du 28 novembre 1831, qui, aux dates désignées dans l'état annexé à cette ordonnance, étaient sous officiers ou soldats en activité de service.

ARTICLE PREMIER. Les membres de l'ordre royal de la Légion-d'Honneur, nommés par ordonnance du 28 novembre 1831, qui, aux dates désignées pour chacun d'eux dans l'état annexé à ladite ordonnance, étaient sous-officiers ou soldats en activité de service dans les armées de terre ou de mer, et qui auront reçu leurs brevets après avoir satisfait aux formalités prescrites par l'article 2 de la même ordonnance, recevront, à compter du 1er janvier 1832, le traitement annuel de deux cent cinquante francs.

2. Il sera pourvu à cette dépense au moyen d'un prélèvement sur les fonds qui deviendront libres par l'effet des extinctions dans les différens grades de l'ordre, à compter du 1er janvier 1832.

Il est dérogé, à cet effet, à la disposition contenue en l'article 6 de la loi du 6 juillet 1820, laquelle, après ledit prélèvement, reprendra son cours d'exécution.

LOI du 16 juin 1837, relative aux sous-officiers et soldats amputés, nommés membres de la Légion-d'Honneur depuis leur admission à la retraite.

ARTICLE UNIQUE. A compter du 1er janvier 1837, les sous-officiers et soldats des armées de terre et de mer, amputés par suite de leurs blessures, qui auront été nommés membres de la Légion-d'Honneur postérieurement à l'ordonnance du 19 juillet 1814, et depuis leur admission à la retraite, auront droit au traitement de la Légion.

Ce traitement sera prélevé sur les fonds qui deviendront libres par l'effet des extinctions.

LOI du 21 juin 1845, relative à l'emploi des excédans de recettes du budget de l'ordre royal de la Légion-d'Honneur.

ART. PREMIER. A compter du 1er janvier 1846, il sera payé, comme supplément au traitement de la Légion-d'Honneur, une somme annuelle et viagère de cent francs aux membres de l'ordre du grade de légionnaire ayant reçu ce grade avant le 6 avril 1814.

2. Les chevaliers de la Légion-d'Honneur amputés par suite de blessures reçues à l'armée avant le 6 avril 1814, nommés dans l'ordre postérieurement à cette époque, et jouissant du traitement de deux cent cinquante francs en vertu des lois des 6 juillet 1820 et 16 juin 1837, recevront le traitement de cent francs indiqué à l'article 1er.

3. A compter de la même époque, les sous-officiers et soldats nommés légionnaires, par décrets du 27 février 1815 au 19 mars suivant, étant, aux dates de ces décrets, en activité de service dans les armées de terre et de mer, et qui ont été ou qui seront admis dans la Légion-d'Honneur par ordonnances royales, recevront le traitement annuel de deux cent cinquante francs.

4. Il sera pourvu aux dépenses ordonnées par les précédens articles au moyen des excédans disponibles qui, chaque année, à compter de 1846, pourront ressortir des recettes et dépenses de la Légion-d'Honneur; et subsidiairement, tant que les excédans disponibles seront insuffisans, au moyen des avances

qui pourront être faites à la Légion-d'Honneur par la caisse des dépôts et consignations.

5. Lorsque les excédans disponibles seront devenus supérieurs à la dépense, le surplus servira à rembourser successivement à la caisse des dépôts et consignations, les avances qu'elle aura faites.

6. Le taux des intérêts, dont la Légion-d'Honneur devra tenir compte à la caisse des dépôts et consignations, ne pourra excéder 4 1[2 0[0.

Il sera statué par ordonnances royales, d'année en année, sur la quotité des avances à faire et sur celle des sommes à rembourser, en exécution des articles 4 et 5.

7. Le supplément de traitement accordé par la présente loi est incessible et insaisissable.

8. Il sera présenté chaque année aux chambres un compte spécial de l'exécution de la présente loi.

LOI du 4-11 décembre 1849, relative aux nominations et aux promotions dans l'ordre de la Légion-d'Honneur.

ARTICLE UNIQUE. Toutes les nominations et toutes les promotions qui auront lieu dans la Légion-d'Honneur seront individuelles, et elles seront publiées au *Bulletin des lois* et au *Moniteur universel*, avec l'exposé détaillé des services militaires ou civils qui les auront motivées.

EXTRAIT du décret du 22 janvier 1852, qui restitue au domaine de l'État les biens meubles et immeubles qui sont l'objet de la donation faite, le 7 août 1830, par le roi Louis-Philippe.

ART. 5. Dix millions sont alloués aux sociétés de secours mutuels autorisées par la loi du 15 juillet 1850.

6. Dix millions seront employés à améliorer les logemens d'ouvriers dans les grandes villes manufacturières.

7. Dix millions sont affectés à l'établissement d'institutions de crédit foncier dans les départemens qui réclameront cette mesure en se soumettant aux conditions jugées nécessaires.

8. Cinq millions serviront à établir une caisse de retraite au profit des desservans les plus pauvres.

9. Le surplus des biens énoncés en l'article 1er sera réuni à la dotation de la Légion-d'Honneur, pour le revenu en être affecté aux destinations suivantes, sauf, en cas d'insuffisance, à y être pourvu par les ressources du budget.

10. Tous les officiers, sous-officiers et soldats de terre et de mer en activité de service, qui seront à l'avenir nommés ou promus dans l'ordre national de la Légion-d'Honneur, recevront, selon leur grade dans la Légion, l'allocation annuelle suivante :

Les légionnaires, 250 fr.; les officiers, 500 fr.; les commandans, 1,000 fr.; les grands officiers, 2,000 fr.; les grands-croix, 3,000 fr.

11. Il est créé une médaille militaire donnant droit à cent francs de rente viagère en faveur des soldats et sous-officiers de l'armée de terre et de mer placés dans les conditions qui seront fixées par un règlement ultérieur.

12. Un château national servira de maison d'éducation aux filles ou orphelines indigentes des familles dont les chefs auraient obtenu cette médaille.

13. Le château de Saverne sera restauré et achevé, pour servir d'asile aux veuves des hauts fonctionnaires civils et militaires morts au service de l'État.

DÉCRET du 25 janvier 1852, portant que l'article 10 du décret du 22 janvier 1852 (1), relatif au traitement de la Légion-d'Honneur, est applicable à tous les officiers de terre et de mer qui seront admis à la retraite à dater de cette époque.

ART. PREMIER. L'article 10 du décret du 22 janvier 1852 est applicable à tous les officiers de terre et de mer qui seront admis à la retraite à partir de cette époque.

2. Le ministre de la guerre est chargé de l'exécution du présent décret.

DÉCRET du 29 février 1852, relatif à la médaille militaire instituée par le décret du 22 janvier 1852 (1).

ART. PREMIER. La médaille militaire, instituée par l'article 11 du décret du 22 janvier 1852, sera en argent et d'un diamètre de vingt-huit millimètres.

Elle portera, d'un côté, l'effigie de Louis-Napoléon avec son nom pour exergue, et de l'autre côté, dans l'intérieur du médaillon, la devise : *Valeur et discipline.* Elle sera surmontée d'une aigle.

2. Les militaires et marins qui auront obtenu la médaille la porteront attachée par un ruban jaune avec un liseré vert, sur le côté gauche de la poitrine.

3. La médaille pourra se porter simultanément avec la croix de la Légion-d'Honneur.

La rente viagère de cent francs attachée à chaque médaille accordée est, comme le traitement de la Légion-d'Honneur, incessible et insaisissable.

(1) *Voyez*, p. XXVII, le décret du 22 janvier 1852.

Elle pourra se cumuler avec toute allocation ou pension sur les fonds de l'État ou des communes, mais non avec le traitement alloué aux membres de la Légion-d'Honneur.

4. La médaille militaire est accordée par le président de la république, sur la proposition du ministre de la guerre ou de la marine, aux militaires ou marins qui réuniront les conditions déterminées ci-après.

5. La médaille pourra être donnée :

1° Aux sous-officiers, caporaux ou brigadiers, soldats ou marins, qui se seront rengagés après avoir fait un congé, ou à ceux qui auront fait quatre campagnes simples;

2° A ceux dont les noms auront été cités à l'ordre de l'armée, quelle que soit leur ancienneté de service ;

3° A ceux qui auront reçu une ou plusieurs blessures, en combattant devant l'ennemi ou dans un service commandé;

4° A ceux qui se seront signalés par un acte de courage ou de dévoûment méritant récompense.

6. Les dispositions qui précèdent sont applicables à tous les employés, gardes et agens militaires qui, dans les armées de terre et de mer, ne sont pas traités ou considérés comme officiers.

DÉCRET du 17 mars 1852, portant que les budgets et comptes de la Légion-d'Honneur seront annexés, à l'avenir, à ceux du ministère d'État.

ART. PREMIER. Les budgets et comptes de la Légion-d'Honneur, qui, en exécution de l'article 17 de la loi du 9 juillet 1836, ont été annexés à ceux du ministère de la justice, le seront, à l'avenir, à ceux du ministère d'État.

2. Les ministres d'État, de la justice et des finances, sont chargés, chacun en ce qui le concerne, de

l'exécution du présent décret, qui sera inséré au Bulletin des lois.

ART. PREMIER. Le traitement du grand chancelier de la Légion-d'Honneur est fixé à trente mille francs par an. Cette disposition recevra son exécution à partir du 1er janvier 1852.

2. Le ministre d'État est chargé de l'exécution du présent décret.

ART. PREMIER. L'administration de la grande chancellerie de l'ordre de la Légion-d'Honneur est organisée ainsi qu'il suit :

PREMIÈRE DIVISION.

Secrétariat général; personnel des membres de l'ordre; maisons d'éducation.

DEUXIÈME DIVISION.

Comptabilité générale.

2. Le cadre des bureaux de la grande chancellerie comprend :

  2 chefs de division,
  2 chefs de bureau,
  4 sous-chefs de bureau,
  32 employés de tout grade.

40

(1) Ce décret a été modifié par les décrets du 20 avril 1854, rapporté (p. XLVI), et du 30 juillet 1858, rapporté (p. LVII).

3. Les traitemens sont fixés comme il suit :

Chefs de division ,		10,000 f.
Chefs de bureau ,	6,000 f. à	7,000
Sous-chefs de bureau ,	4,000 à	4,500
Employés de tous grades,	1,500 à	3,500

4. Nul ne sera promu à une classe supérieure s'il n'a au moins deux années d'exercice dans celle à laquelle il appartient. Toute personne admise à l'un des emplois désignés prendra rang dans la dernière classe de cet emploi.

5. Nul ne pourra être nommé chef ou sous-chef de bureau s'il ne peut justifier de trois années de services administratifs.

6. Les surnuméraires ne pourront être admis que pourvus du grade de bachelier ès lettres, et ne pourront être appointés qu'après deux années au moins de travail dans les bureaux de la grande chancellerie.

Tout surnuméraire qui n'aura pas été pourvu d'un emploi dans un délai de trois ans, cessera de faire partie de l'administration.

7. Les traitemens inférieurs des titulaires actuels seront complétés au fur et à mesure des ressources disponibles.

8. Toutes dispositions antérieures qui seraient contraires au présent décret sont abrogées.

9. Le grand chancelier de l'ordre de la Légion-d'Honneur est chargé de l'exécution du présent décret, qui sera inséré au Bulletin des lois.

DÉCRET IMPÉRIAL du 9 novembre 1852 , portant que la valeur des médailles sera imputée sur la première annuité à payer aux titulaires.

LOUIS-NAPOLÉON , président de la république française,

Vu le décret du 22 janvier 1852 (1), portant création de la médaille militaire;

Vu le décret du 29 février suivant (2), portant règlement de la médaille militaire ;

Sur la proposition du grand chancelier de l'ordre de la Légion-d'Honneur,

Décrète :

ART. PREMIER. La valeur des médailles militaires sera imputée sur la première annuité à payer aux titulaires.

2. Le ministre d'Etat et le grand chancelier de la Légion-d'Honneur sont chargés, chacun en ce qui le concerne, de l'exécution du présent décret.

DÉCRET du 24 novembre 1852 sur la discipline des membres de la Légion-d'Honneur et des décorés de la médaille militaire.

LOUIS-NAPOLÉON, président de la république française,

Vu le titre VI du décret du 16 mars 1852 (3) et l'article 62 de l'ordonnance du 26 mars 1816 (4), sur la discipline des membres de l'ordre national de la Légion-d'Honneur;

Vu également les décrets des 22 janvier (5) et 29 février 1852 (6), portant institution de la médaille militaire ;

Le conseil de l'ordre entendu ;

(1) *Voyez* ce décret, p. XXVII.
(2) *Voyez* ce décret, p. XXIX.
(3) *Voyez* ce décret, p. V.
(4) *Voyez* cet article 62, p. XXII.
(5) *Voyez* ce décret, p. XXVII.
(6) *Voyez* ce décret, p. XXIX.

Sur la proposition du grand chancelier de la Légion-d'Honneur ;

Considérant qu'il est nécessaire de déterminer le mode d'exécution de l'action disciplinaire établie par les dispositions ci-dessus visées, et d'en étendre l'application à l'institution de la médaille militaire,

Décrète :

ART. PREMIER. Tout individu qui a perdu la qualité de Français est rayé des matricules de l'ordre, à la diligence du grand chancelier de la Légion-d'Honneur, le conseil de l'ordre préalablement entendu.

La même radiation a lieu, dans la même forme, sur le vu de tout jugement rendu contre un membre de l'ordre et portant condamnation à une peine afflictive ou infamante, ou emportant la dégradation militaire.

2. Lorsqu'un membre de l'ordre est suspendu de ses droits de citoyen français, sur le vu de l'acte constatant cette suspension, le grand chancelier, après avoir pris l'avis du conseil de l'ordre, fait opérer sur les matricules la mention que cet individu est suspendu de tous les droits et prérogatives attachés à la qualité de membre de l'ordre, ainsi que du droit au traitement qui y est affecté (1).

3. La condamnation à l'une des peines du boulet, des travaux publics et de l'emprisonnement, emporte la suspension des droits et prérogatives, ainsi que du traitement attachés à la qualité de membre de la Légion-d'Honneur, pendant la durée de la peine.

4. L'envoi par punition, dans une compagnie de discipline, d'un militaire des armées de terre ou de

____

(1) *Voyez* la note, p. XIII.

mer, emporte la suspension des droits et prérogatives, ainsi que du traitement attachés à la qualité de membre de l'ordre de la Légion-d'Honneur, pendant la durée de la punition.

5. Sur le vu de tout jugement définitif portant condamnation, contre un membre de la Légion-d'Honneur, à l'une des peines mentionnées en l'article 3 du présent décret, le grand chancelier, après avoir pris l'avis du conseil de l'ordre, peut proposer au chef de l'Etat de suspendre le condamné, en tout ou en partie, des droits et prérogatives, ainsi que du traitement attachés à la qualité de membre de la Légion-d'Honneur, et même de l'exclure de la Légion, conformément à l'article 46 du décret du 16 mars 1852.

Les mêmes décisions peuvent être prises, dans la même forme, par application de l'article 62 de l'ordonnance du 26 mars 1816, contre tout officier des armées de terre ou de mer mis en retrait d'emploi pour inconduite habituelle ou pour faute contre l'honneur.

6. Les dispositions de l'article 6 du décret du 16 mars dernier sur l'ordre de la Légion-d'Honneur, ainsi que le présent décret, sont applicables aux décorés de la médaille militaire.

En cas de condamnation emportant la dégradation d'un décoré de la médaille militaire, le président de la cour ou du conseil de guerre prononce immédiatement, après la lecture du jugement, la formule suivante :

« Vous avez manqué à l'honneur : je déclare que » vous cessez d'être décoré de la médaille militaire.»

7. La suspension des droits et prérogatives attachés à la qualité de membre de la Légion-d'Honneur ou de décoré de la médaille militaire emporte la suspen-

sion de l'autorisation de porter les insignes d'un ordre étranger quelconque.

La privation des mêmes droits emporte également le retrait définitif de l'autorisation de porter les insignes d'un ordre étranger.

8. Le grand chancelier informe de toute radiation ou suspension opérée en vertu des dispositions du présent décret le ministre de la justice, s'il s'agit d'un individu non militaire, et les ministres de la guerre et de la marine, s'il s'agit d'un militaire ou d'un marin, ou d'un individu assimilé aux militaires ou marins.

9. Tout individu qui aura encouru la suspension ou la privation des droits et prérogatives attachés à la qualité de membre de la Légion-d'Honneur ou de décoré de la médaille militaire, et qui en portera les insignes ou ceux d'un ordre étranger, sera poursuivi et puni conformément à l'article 259 du Code pénal.

10. Les ministres d'État, de la justice, de la guerre et de la marine et des colonies, ainsi que le grand chancelier de la Légion-d'Honneur, sont chargés, chacun en ce qui le concerne, de l'exécution du présent décret.

DÉCRET du 14 mars 1853, portant que des brevets seront délivrés aux membres de la Légion-d'Honneur et aux sous-officiers et soldats décorés de la médaille militaire (1).

ART. PREMIER. Il sera délivré des brevets conformes au modèle annexé au présent à tous les membres de la Légion-d'Honneur nommés ou promus à des grades dans la Légion depuis le 16 mars 1852, et à ceux qui seront nommés ou promus à l'avenir.

2. Il sera également délivré des brevets aux membres de la Légion-d'Honneur nommés ou promus à

(1) *Voyez*, p. XXXVIII, l'avis du grand chancelier.

des grades dans la Légion-d'Honneur, antérieurement
au 16 mars 1852, qui en feront la demande à notre
grand chancelier de l'ordre.

3. Des brevets conformes au modèle annexé au
présent seront délivrés à tous les sous-officiers et
soldats des armées de terre et de mer décorés de la
médaille militaire depuis le 22 janvier 1852, et à
tous ceux qui recevront cette médaille à l'avenir.

4. Il sera perçu par la grande chancellerie de la
Légion-d'Honneur, pour l'expédition des brevets
mentionnés ci-dessus :

Par brevet de chevalier,   12 fr.
       —   d'officier,   25
       —   de commandeur,   40
       —   de grand officier,   60
       —   de grand-croix,   100

5. Seront exempts de tous frais d'expédition les
sous-officiers et soldats des armées de terre et de
mer nommés, en activité de service, membres de la
Légion-d'Honneur depuis le 16 mars 1852, ou qui le
seront à l'avenir.

6. Les brevets indiqués par l'article 3 seront également délivrés gratuitement aux sous-officiers et
soldats qui sont ou seront décorés de la médaille militaire.

7. L'excédant de la recette des frais d'expédition
sur la dépense occasionnée par la délivrance des brevets de la Légion-d'Honneur sera employé : 1° à couvrir les frais des brevets délivrés aux sous-officiers et
soldats, conformément à l'article 5 du présent décret;
2° à couvrir les frais de brevets de la médaille militaire délivrés conformément à l'article précédent.

Ces dépenses couvertes, le surplus de l'excédant

servira, s'il en existe, à augmenter le fonds de secours affecté aux membres et aux orphelines de la Légion-d'Honneur.

8. Les frais d'expédition seront prélevés, pour les membres de la Légion-d'Honneur jouissant d'un traitement à ce titre, sur la première annuité à leur payer de leur traitement.

9. Notre grand chancelier de l'ordre impérial de la Légion-d'Honneur est chargé de l'exécution du présent décret.

AVIS du grand chancelier, relatif à la délivrance des brevets aux membres de l'ordre.

Le grand chancelier de l'ordre impérial de la Légion-d'Honneur rappelle à MM. les membres de l'ordre que l'empereur, par son décret du 14 mars 1853 (1), a décidé qu'il serait délivré des brevets à tous les légionnaires nommés ou promus à des grades dans la Légion depuis le 16 mars 1852, ainsi qu'à ceux qui seront nommés ou promus à l'avenir. Le même décret règle qu'il sera également délivré des brevets aux membres de la Légion-d'Honneur nommés ou promus antérieurement au 16 mars 1852, qui en feront la demande au grand chancelier.

Pour que l'administration de la Légion-d'Honneur fasse exécuter ces dispositions, et afin surtout qu'elle puisse y apporter toute l'exactitude et la régularité nécessaires, les ayans droit doivent produire à la grande chancellerie les pièces ci-après désignées :

1° La lettre d'avis ou le titre constatant la nomination ;

____

(1) *Voyez* ce décret, p. XXXVI.

2° L'acte de naissance dûment légalisé ;

3° L'état des services.

Aux termes de l'article 4 du décret du 14 mars 1853, il doit être perçu par la grande chancellerie pour l'expédition des brevets, savoir :

Par brevet de chevalier,	12 fr.	
— d'officier,	25	
— de commandeur,	40	
— de grand officier,	60	
— de grand-croix,	100	

Les sous-officiers et soldats en activité de service, membres de la Légion-d'Honneur depuis le 16 mars 1852, sont exempts de tous frais d'expédition.

Il ne sera délivré de brevets à MM. les membres de l'ordre qui ne reçoivent pas de traitement en cette qualité et qui ne font pas partie des corps de l'armée, qu'après qu'ils auront adressé à la grande chancellerie un récépissé constatant le versement à la caisse du receveur des finances de leur arrondissement, ou à la caisse des dépôts et consignations à Paris de la somme exigée pour les frais d'expédition.

DÉCRET IMPÉRIAL du 15 juin 1853, relatif aux décorations étrangères.

NAPOLÉON, par la grâce de Dieu et la volonté nationale, EMPEREUR DES FRANÇAIS, à tous présens et à venir, SALUT.

Sur le rapport de notre grand chancelier de l'ordre impérial de la Légion-d'Honneur ;

Après avoir pris l'avis du conseil de l'ordre ;

Vu les articles 50 et 52, § 3 et 4 du décret organique de la Légion-d'Honneur, en date du 16 mars 1852 (1), et l'article 259 du Code pénal (2) ;

Considérant qu'au mépris de ces dispositions des Français se décorent d'insignes d'ordres étrangers conférés par des autorités ou des corporations n'ayant pas la puissance souveraine, ou pour lesquels ils n'ont pas obtenu une autorisation spéciale ;

Considérant que des abus graves se sont introduits dans le mode de porter les insignes des ordres étrangers pour lesquels l'autorisation a été accordée ;

Voulant faire cesser des désordres d'autant plus fâcheux que leur effet est d'affaiblir la juste considération qui doit s'attacher aux décorations conférées par des souverains étrangers et le prix de récompenses obtenues régulièrement et données à des services certains et vérifiés ;

Voulant également que la loi pénale reçoive sa pleine exécution et que nos officiers de justice ne négligent plus d'exercer, à cet égard, la surveillance qui leur est prescrite,

AVONS DÉCRÉTÉ et DÉCRÉTONS ce qui suit :

ART. PREMIER. Toutes décorations, ou ordres étrangers, quelle qu'en soit la dénomination ou la forme, qui n'auraient pas été conférés par une puissance souveraine, sont déclarés illégalement et abusivement obtenus, et il est enjoint à tout Français qui les porte de les déposer à l'instant.

2. Tout Français qui, ayant obtenu des ordres étrangers, n'aura pas reçu du chef de l'État l'autorisation de les accepter et de les porter, sera pareille-

____

(1) *Voyez* ce décret, p. v.
(2) *Voyez* cet article 259, p. LIV.

ment tenu de les déposer immédiatement, sauf à lui à se pourvoir, s'il y a lieu, auprès de notre grand chancelier de l'ordre impérial de la Légion-d'Honneur, pour solliciter cette autorisation.

3. Il est formellement interdit de porter d'autres insignes que ceux de l'ordre et du grade pour lesquels l'autorisation a été accordée, sous les peines édictées en l'article 259 du Code pénal.

4. A l'avenir, toute demande d'autorisation d'accepter et de porter les insignes d'un ordre ou d'une décoration étrangère devra être adressée hiérarchiquement au grand chancelier, par l'intermédiaire du ministre dont relève le demandeur, à raison de ses fonctions ou de son emploi.

Si le demandeur en autorisation n'exerce aucune fonction publique, ou n'a que des fonctions gratuites, il adressera sa demande par l'intermédiaire du préfet de sa résidence actuelle.

Les ministres, les hauts dignitaires de l'État, les membres du sénat, du corps législatif, du conseil d'État et du conseil de l'ordre impérial de la Légion-d'Honneur sont autorisés à adresser leur demande directement à notre grand chancelier.

5. Les ministres et les préfets devront transmettre immédiatement à notre grand chancelier les demandes d'autorisation qui leur sont remises, avec leur avis sur la suite à y donner.

6. Toute demande d'autorisation formée par un Français ne faisant pas partie de la Légion-d'Honneur devra être accompagnée d'un extrait régulier de son acte de naissance.

7. Les autorisations par nous délivrées seront insérées au *Moniteur*.

8. Une ampliation du décret d'autorisation sur parchemin, conforme au modèle ci-annexé, sera délivrée à l'impétrant.

9. Pareille ampliation sera délivrée aux Français déjà autorisés qui en feront la demande à notre grand chancelier de l'ordre impérial de la Légion-d'Honneur.

10. Il sera perçu par la grande chancellerie de la Légion-d'Honneur, à titre de droit de chancellerie, savoir :

Pour les décorations portées à la bouton- nière ,	60 fr.
Pour les décorations portées en sautoir,	100
Pour les décorations avec plaque sur la poitrine,	150
Pour les décorations avec grand cordon en écharpe ,	200

11. Les soldats , sous-officiers et officiers en activité de service jusques et y compris le grade de capitaine dans l'armée de terre , et de lieutenant de vaisseau dans l'armée de mer, qui , à l'avenir, seront autorisés à accepter et porter des ordres ou des décorations étrangères , seront exempts de tous droits de chancellerie.

12. Les produits des droits de chancellerie seront employés :

1º A couvrir les frais d'expédition des ampliations de décrets d'autorisation ;

2º A augmenter le fonds de secours affecté aux membres et aux orphelines de la Légion-d'Honneur.

13. Les dispositions disciplinaires des lois, décrets et ordonnances sur la Légion-d'Honneur sont applicables aux Français décorés d'ordres étrangers ; en

conséquence, le droit de porter les insignes de ces ordres peut être suspendu ou retiré dans les cas et selon les formes déterminés pour les membres de la Légion-d'Honneur.

14. L'ordonnance du 16 avril 1824 est abrogée.

15. Nos ministres et notre grand chancelier de l'ordre impérial de la Légion-d'Honneur sont chargés, chacun en ce qui le concerne, de l'exécution du présent décret.

RAPPORT approuvé par l'empereur le 13 juin 1853, sur le mode d'exécution du décret du 10 juin 1853, relatif aux décorations étrangères.

SIRE,

Le décret de Votre Majesté, en date de ce jour, sur les ordres ou les décorations étrangères, n'ayant pu que poser des principes généraux, il est nécessaire que des dispositions secondaires viennent me guider dans les mesures que je dois prendre pour en assurer la complète exécution.

J'ai donc l'honneur de proposer à Votre Majesté d'arrêter les dispositions suivantes, qui auront alors toute la force de son autorité souveraine, et deviendront l'expression de sa volonté impériale.

1° Sont considérées comme illégalement ou abusivement obtenues, toutes décorations qualifiées françaises ou étrangères, et conférées sous quelque titre que ce soit par des chapitres, corporations, confréries, prétendus grands maîtres ou leurs délégués, etc.

2° L'ordre de Malte, étant un ordre étranger, ne peut être accepté ou porté par un Français qu'autant que, conféré par un souverain, l'autorisation en a été accordée par nous ou nos prédécesseurs.

3° Toute décoration étrangère ne pourra être portée en sautoir (commandeur ou classe correspondante) que par les officiers supérieurs ou les fonctionnaires d'un rang analogue.

Les grands cordons ou plaques seront seulement portés par les officiers généraux ou les fonctionnaires civils d'un rang correspondant.

Toute autorisation antérieure, contraire à la présente disposition, est révoquée.

4° Il est interdit à tout Français, sous les peines édictées par l'article 259 du Code pénal, de porter aucun costume ou uniforme soi-disant spécial ou afférant à un ordre ou à une décoration étrangère.

5° Les demandes en autorisation d'accepter ou de porter des ordres ou des décorations étrangères seront examinées et vérifiées, en conseil de l'ordre, par notre grand chancelier de l'ordre impérial de la Légion-d'Honneur.

6° Nos ministres, notre grand chancelier de l'ordre impérial de la Légion-d'Honneur et nos officiers de justice sont spécialement chargés de veiller à la stricte exécution des présentes décisions.

INSTRUCTIONS sur les formalités à remplir pour être autorisé à accepter des ordres ou des décorations étrangères.

Le grand chancelier de l'ordre impérial de la Légion-d'Honneur fait connaître aux Fançais qui sollicitent l'autorisation d'accepter et de porter des ordres ou des décorations étrangères que leur demande, adressée conformément à l'article [illegible] décret du 10 juin courant, doit être accompa[illegible]

1° Du titre ou brevet de l'ordre ou de la décoration pour laquelle l'autorisation est sollicitée;

2° De l'acte de naissance pour ceux qui ne sont pas membres de la Légion-d'Honneur (art. 6 du décret);

3° D'un récépissé de la somme due pour droits de chancellerie (art. 10 du décret). Cette somme sera versée à la caisse des dépôts et consignations, pour Paris, ou à la caisse du receveur des finances de leur arrondissement, pour les départemens.

Ces mesures s'appliqueront aussi aux personnes en instance devant la grande chancellerie pour l'obtention de leur autorisation ; en conséquence, il ne sera donné aucune suite à leur demande avant que ces formalités ne soient remplies.

DÉCRET IMPÉRIAL du 15 juillet 1853, portant que les dispositions de celui du 22 janvier 1852 (art. 10), et de celui du 25 du même mois, relatives au traitement de la Légion-d'Honneur, ne sont pas applicables aux officiers généraux des armées de terre et de mer qui sont passés ou qui passeront dans le cadre de réserve.

ART. PREMIER. Les dispositions du décret du 22 janvier 1852 (art. 10), et du décret du 25 du même mois, relatives au traitement de la Légion-d'Honneur, ne sont pas applicables aux officiers généraux des armées de terre et de mer qui sont passés ou qui passeront dans le cadre de réserve (2ᵉ section de l'état-major général de l'armée).

2. Notre grand chancelier de l'ordre impérial de la Légion-d'Honneur est chargé de l'exécution du présent décret.

DÉCRET IMPÉRIAL du 12 août 1853, relatif au traitement des officiers nommés ou promus par l'empereur Napoléon 1ᵉʳ dans l'ordre de la Légion-d'Honneur, du 27 février au 7 juillet 1815.

ART. PREMIER. Les officiers nommés ou promus par l'empereur *Napoléon 1ᵉʳ* dans l'ordre de la Légion-d'Honneur, du 27 février au 7 juillet 1815, recevront, à partir du 1er janvier 1854, le traitement affecté à leur grade dans l'ordre, par les règlemens en vigueur à l'époque de leur nomination.

2. Notre ministre d'État et le grand chancelier de notre ordre impérial de la Légion-d'Honneur sont chargés, chacun en ce qui le concerne, de l'exécution du présent décret.

DÉCRET IMPÉRIAL du 20 avril 1854, portant organisation de l'administration intérieure de la grande chancellerie de la Légion-d'Honneur (1).

ART. PREMIER. L'administration intérieure de la grande chancellerie se compose, savoir :

1° D'un secrétariat général ;

2° De deux divisions, l'une dite *la division administrative*, l'autre *la division des fonds et de la comptabilité*.

2. Le cadre des bureaux de la grande chancellerie comprend :

1° Deux chefs de division ;

2° Cinq chefs de bureau de première et de deuxième classe pour le service du bureau du secrétariat général et des deux divisions ;

3° D'un contrôleur ;

4° De commis principaux, de commis rédacteurs, de commis d'ordre et d'expéditionnaires.

3. Les traitemens des divers employés sont fixés de la manière suivante :

Chefs de division ,   8,000 f. à 9,000 f.

Chefs de bureau de 1re classe ,   5,000   à 6,000

(1) *Voyez* le décret du 30 mars 1852 (p. XXXI) et le décret du 30 juillet 1858 (p. LVII).

Chefs de bureau de 2ᵉ classe,   4,000 f. à 5,000 f.
Contrôleurs,   3,600   à 4,000
Commis principaux,   3,000   à 3,600
Commis rédacteurs,   2,500   à 2,800
Commis d'ordre,   2,000   à 2,400
Expéditionnaires,   1,200   à 1,800 (1).

4. Les règles pour l'avancement sont ainsi arrêtées :

Nul ne pourra, à moins de circonstances exceptionnelles laissées à l'appréciation de notre grand chancelier, être promu à une classe supérieure, s'il n'a au moins deux années d'exercice dans celle à laquelle il appartient, et s'il n'a le maximum du traitement attaché au grade qu'il occupe.

5. Toutes dispositions antérieures, contraires à celles du présent décret, sont abrogées.

6. Notre grand chancelier de l'ordre impérial de la Légion-d'Honneur est chargé de l'exécution du présent décret, qui sera inséré au Bulletin des lois.

DÉCRET IMPÉRIAL du 9 février 1855, portant que les sous-officiers et soldats amputés, auxquels la médaille militaire aura été conférée après leur admission à la retraite, auront droit au traitement affecté à cette décoration.

NAPOLÉON, par la grâce de Dieu et la volonté nationale, EMPEREUR DES FRANÇAIS, à tous présens et à venir, SALUT.

Vu la loi du 16 juin 1837 accordant le traitement de la Légion-d'Honneur aux sous-officiers et soldats des armées de terre et de mer amputés par suite de

(1) Le traitement des chefs de division et des chefs de bureau de 1ʳᵉ et de 2ᵉ classe a été élevé par le décret du 30 juillet 1858 (p. LVII).

leurs blessures , et nommés membres de l'ordre depuis leur admission à la retraite;

Vu également les décrets des 22 janvier et 29 février 1852 , portant institution de la médaille militaire ;

Considérant qu'il est juste de faire jouir les décorés de la médaille militaire, qui se trouvent dans les conditions prévues par la loi du 16 juin 1837, des avantages que cette loi accorde aux membres de la Légion-d'Honneur;

Sur la proposition de notre grand chancelier de l'ordre impérial de la Légion-d'Honneur, qui a pris l'avis du conseil de l'ordre,

Avons décrété et décrétons ce qui suit :

Art. premier. Les sous-officiers et soldats des armées de terre et de mer amputés par suite de blessures reçues étant en activité de service, et auxquels la médaille militaire aura été conférée après leur admission à la retraite, auront droit au traitement de cent francs affecté à cette décoration.

2. Notre ministre d'État et notre grand chancelier de l'ordre impérial de la Légion-d'Honneur sont chargés , chacun en ce qui le concerne, de l'exécution du présent décret.

DÉCRET du 26 avril 1856, relatif au port de la médaille décernée par S. M. la reine d'Angleterre aux militaires français qui ont fait la campagne de Crimée.

NAPOLÉON , par la grâce de Dieu et la volonté nationale, Empereur des Français, à tous présens et à venir , salut.

Vu le décret du 10 juin 1853 sur les décorations étrangères;

Considérant, en ce qui concerne la médaille décernée par S. M. la reine d'Angleterre à tous les militaires français ayant fait partie de l'expédition de Crimée, qu'il y aurait de sérieuses difficultés à se conformer aux règles tracées dans le décret ci-dessus visé pour les autorisations à délivrer, et notamment en ce qui concerne les décrets nominatifs;

Qu'il y a lieu dès lors d'adopter, pour autoriser le port de ladite médaille, des dispositions spéciales;

Sur la proposition de notre grand chancelier de l'ordre impérial de la Légion-d'Honneur,

AVONS DÉCRÉTÉ et DÉCRÉTONS ce qui suit :

ART. PREMIER. Les militaires de tous grades qui, ayant fait partie de l'expédition de Crimée, recevront la médaille décernée par S. M. la reine d'Angleterre, sont autorisés à la porter, à charge par eux de faire viser et enregistrer à la grande chancellerie le certificat qui leur aura été délivré pour constater leur droit à ladite médaille.

2. La médaille devra toujours être portée conforme au module officiel lorsque l'on sera en uniforme.

3. Les officiers supérieurs qui recevront ladite médaille n'auront à payer aucun droit de chancellerie.

4. Notre ministre d'État et notre grand chancelier de l'ordre impérial de la Légion-d'Honneur sont chargés, chacun en ce qui le concerne, de l'exécution du présent décret.

DÉCRET IMPÉRIAL du 10 juin 1857, relatif au port des médailles décernées par S. M. la reine d'Angleterre aux militaires français qui ont fait la campagne de la Baltique, et par S. M. le roi de Sardaigne aux militaires qui ont fait la campagne de Crimée.

NAPOLÉON, par la grâce de Dieu et la volonté nationale, EMPEREUR DES FRANÇAIS, à tous présens et à venir, SALUT.

Vu le décret du 10 juin 1853 sur les décorations étrangères ;

Vu le décret du 26 avril 1856 sur la médaille anglaise commémorative de la campagne de Crimée ;

Considérant que S. M. la reine d'Angleterre a décerné une médaille à tous les militaires français qui ont fait partie de l'expédition de la Baltique ;

Considérant que S. M. le roi de Sardaigne a fait remettre des médailles de la valeur militaire pour être distribuées à l'armée française ;

Qu'il y a lieu, en ce qui concerne l'autorisation de porter ces deux médailles, et pour les mêmes motifs, d'adopter les dispositions spéciales prescrites par le décret du 26 avril 1856, précité ;

Sur la proposition de notre grand chancelier de l'ordre impérial de la Légion-d'Honneur,

AVONS DÉCRÉTÉ et DÉCRÉTONS ce qui suit :

ART. PREMIER. Les dispositions du décret du 26 avril 1856 sont applicables aux militaires français qui recevront la médaille décernée par S. M. la reine d'Angleterre en souvenir de l'expédition de la Baltique, et la médaille de la valeur militaire accordée par S. M. le roi de Sardaigne.

2. Notre ministre d'État et notre grand chancelier de la Légion-d'Honneur sont chargés, chacun en ce qui le concerne, de l'exécution du présent décret.

CODE DE JUSTICE MILITAIRE pour l'armée de terre, du 9 juin 1857, et promulgué le 4 août de la même année.

ART. 138. Si le condamné est membre de l'ordre

impérial de la Légion-d'Honneur ou décoré de la médaille militaire, le jugement déclare, dans les cas prévus par les lois, qu'il cesse de faire partie de la Légion-d'Honneur ou d'être décoré de la médaille militaire (1).

190. Tout militaire qui doit subir la dégradation militaire, soit comme peine principale, soit comme accessoire d'une peine autre que la mort, est conduit devant la troupe sous les armes. Après la lecture du jugement, le commandant prononce ces mots à haute voix : « N*** N*** (nom et prénoms du condamné), vous êtes indigne de porter les armes; de par l'Empereur nous vous dégradons. »

Aussitôt après, tous les insignes militaires et les décorations dont le condamné est revêtu sont enlevés, et, s'il est officier, son épée est brisée et jetée à terre devant lui.

La dégradation militaire entraîne :

1° La privation du grade et du droit d'en porter les insignes et l'uniforme;

2° L'incapacité absolue de servir dans l'armée, à quelque titre que ce soit, et les autres incapacités prononcées par les articles 28 et 34 du Code pénal ordinaire;

3° La privation du droit de porter aucune décoration, et la déchéance de tout droit à pension et à récompense pour les services antérieurs (1).

____

(1) Les articles 168 et 242 du Code de justice militaire pour l'armée de mer, rapportés p. LV et LVI, statuent de même.

CHAPITRE XI.

USURPATION D'UNIFORMES, COSTUMES, INSIGNES, DÉCORATIONS ET MÉDAILLES.

266. Est puni d'un emprisonnement de deux mois à deux ans tout militaire qui porte publiquement des décorations, médailles, insignes, uniformes, costumes français sans en avoir le droit.

La même peine est prononcée contre tout militaire qui porte des décorations, médailles ou insignes étrangers, sans y avoir été préalablement autorisé (1).

DÉCRET du 12 août 1857, portant création d'une médaille, dite de Sainte-Hélène, commémorative des campagnes faites par la France de 1792 à 1815.

NAPOLÉON, par la grâce de Dieu et la volonté nationale, EMPEREUR DES FRANÇAIS, à tous présens et à venir, SALUT.

Voulant honorer par une distinction spéciale les militaires qui ont combattu sous les drapeaux de la France dans les grandes guerres de 1792 à 1815;

AVONS DÉCRÉTÉ et DÉCRÉTONS ce qui suit :

ART. PREMIER. Une médaille commémorative est donnée à tous les militaires français et étrangers des armées de terre et de mer qui ont combattu sous nos drapeaux, de 1792 à 1815.

Cette médaille sera en bronze et portera d'un côté l'effigie de l'empereur, de l'autre, pour légende : *Campagnes de 1792 à 1815, à ses compagnons de gloire sa dernière pensée, 5 mai 1821.*

(1) L'article 359 du Code de justice militaire pour l'armée de mer, rapporté p. LVI, statue de même.

Elle sera portée à la boutonnière, suspendue par un ruban vert et rouge.

2. Notre ministre d'État et notre grand chancelier de l'ordre impérial de la Légion-d'Honneur sont chargés, chacun en ce qui le concerne, de l'exécution du présent décret.

AVIS du conseil impérial de la Légion-d'Honneur, du 26 février 1858, approuvé par l'empereur.

Le conseil de l'ordre impérial de la Légion-d'Honneur est d'avis :

1° Qu'il y a lieu de proposer à S. M. l'empereur d'autoriser les ministres secrétaires d'Etat aux départemens de la guerre et de la marine à prononcer, par mesure disciplinaire, contre tout militaire en activité de service, pendant un temps qui ne pourra excéder deux mois, la suspension du droit de porter les insignes de la médaille de Sainte-Hélène et des médailles décernées par LL. MM. la reine d'Angleterre et le roi de Sardaigne en commémoration des campagnes de Crimée et de la Baltique ;

2° D'autoriser également les ministres de la guerre et de la marine à déléguer cette faculté aux généraux en chef et commandant les divisions militaires ou actives des armées de terre, et aux amiraux, vice-amiraux et commandant les forces navales, à l'étranger, des armées de mer.

DÉCRET du 26 février 1858, déclarant que les dispositions du titre VI du décret du 16 mars 1852 et du décret du 24 novembre 1852 sont applicables aux titulaires de la médaille de Sainte-Hélène et des médailles commémoratives des campagnes de Crimée et de la Baltique.

NAPOLÉON, etc.

Vu le titre VI du décret du 16 mars 1852 et le

décret du 24 novembre suivant, relatifs à la discipline des membres de la Légion-d'Honneur, des décorés de la médaille militaire et des ordres étrangers;

Vu l'article 266 du Code de justice militaire;

Vu les décrets des 26 avril 1856 et 10 juin 1857, concernant les titulaires des médailles instituées par LL. MM. la reine d'Angleterre et le roi de Sardaigne en commémoration des campagnes de Crimée et de la Baltique ;

Vu le décret du 12 août 1857, portant institution de la médaille de Sainte-Hélène ;

Considérant qu'il importe de régler l'action disciplinaire à l'égard des médailles de Sainte-Hélène, de Crimée et de la Baltique ;

Sur la proposition de notre grand chancelier de l'ordre impérial de la Légion-d'Honneur ;

Le conseil de l'ordre entendu,

AVONS DÉCRÉTÉ et DÉCRÉTONS ce qui suit :

ART. PREMIER. Les dispositions du titre VI du décret du 16 mars 1852 et du décret du 24 novembre suivant, sont applicables aux titulaires de la médaille de Sainte-Hélène et des médailles commémoratives des campagnes de Crimée et de la Baltique.

2. Nos ministres secrétaires d'État aux divers départemens ministériels et notre grand chancelier de l'ordre impérial de la Légion-d'Honneur sont chargés, chacun en ce qui le concerne, de l'exécution du présent décret.

LOI du 28 mai 1858, qui modifie l'article 259 du Code pénal.

ART. UNIQUE. L'art. 259 du Code pénal est modifié ainsi qu'il suit :

ART. 259. Toute personne qui aura publiquement porté un costume, un uniforme ou une décoration qui ne lui appartiendrait pas, sera punie d'un emprisonnement de six mois à deux ans.

Sera puni d'une amende de 500 francs à 10,000 francs, quiconque, sans droit et en vue de s'attribuer une distinction honorifique, aura publiquement pris un titre, changé, altéré ou modifié le nom que lui assignent les actes de l'état civil.

Le tribunal ordonnera la mention du jugement en marge des actes authentiques ou des actes de l'état civil dans lesquels le titre aura été pris indûment ou le nom altéré.

Dans tous les cas prévus par le présent article, le tribunal pourra ordonner l'insertion intégrale ou par extrait du jugement dans les journaux qu'il désignera.

Le tout aux frais du condamné.

CODE DE JUSTICE MILITAIRE pour l'armée de mer, du 4 juin 1858, et promulgué le 15 juin de la même année.

ART. 168. Si le condamné est membre de l'ordre impérial de la Légion-d'Honneur ou décoré de la médaille militaire, le jugement déclare, dans les cas prévus par les lois, qu'il cesse de faire partie de la Légion-d'Honneur ou d'être décoré de la médaille militaire (1).

242. Tout marin, tout militaire embarqué qui doit subir la dégradation militaire, soit comme peine principale, soit comme accessoire d'une peine autre

(1) L'article 138 du Code de justice militaire pour l'armée de terre, rapporté p. L, statue de même.

que la mort, est conduit devant l'équipage assemblé ou la troupe sous les armes. Après la lecture du jugement, le commandant prononce ces mots à haute voix : « N*** N*** (nom et prénoms du condamné), vous êtes indigne de porter les armes ; de par l'Empereur, nous vous dégradons. »

Aussitôt après, tous les insignes militaires et les décorations dont le condamné est revêtu sont enlevés, et, s'il est officier, son épée est brisée et jetée à terre devant lui.

La dégradation militaire entraîne :

1° La privation du grade et du droit d'en porter les insignes et l'uniforme ;

2° L'incapacité absolue de servir dans les armées de terre et de mer, à quelque titre que ce soit, et les autres incapacités prononcées par les articles 28 et 34 du Code pénal ordinaire ;

3° La privation du droit de porter aucune décoration et la déchéance de tout droit à pension et à récompense pour les services antérieurs.

CHAPITRE XI.

USURPATION D'UNIFORMES, COSTUMES, INSIGNES, DÉCORATIONS ET MÉDAILLES.

359. Est puni d'un emprisonnement de deux mois à deux ans tout marin, tout militaire embarqué, tout individu faisant partie de l'équipage d'un bâtiment de l'État, qui porte publiquement des décorations, médailles, insignes, uniformes ou costumes français sans en avoir le droit.

La même peine est prononcée contre tout marin, tout militaire embarqué, tout individu faisant partie de l'équipage d'un bâtiment de l'État, qui porte des décorations, médailles ou insignes étrangers sans y avoir été préalablement autorisé (1).

DÉCRET IMPÉRIAL du 30 juillet 1858, qui fixe les traitemens des chefs de division et des chefs de bureau de la grande chancellerie de la Légion-d'Honneur.

NAPOLÉON, par la grâce de Dieu et la volonté nationale, EMPEREUR DES FRANÇAIS, à tous présens et à venir, SALUT.

Vu le décret du 20 avril 1854 (2), portant organisation des bureaux de la grande chancellerie de la Légion-d'Honneur;

Vu le rapport de notre grand chancelier en date de ce jour,

AVONS DÉCRÉTÉ et DÉCRÉTONS ce qui suit :

ART. PREMIER. Les traitemens des chefs de division et des chefs de bureau de la grande chancellerie sont fixés ainsi qu'il suit :

Chefs de division (de neuf à dix mille francs),
9,000 à 10,000 fr.

Chefs de bureau de première classe (de six à sept mille francs),   6,000 à 7,000

Chefs de bureau de deuxième classe (de cinq à six mille francs),   5,000 à 6,000

2. Toutes dispositions antérieures contraires à celles du présent décret sont abrogées.

____

(1) Les articles 190 et 266 du Code de justice militaire pour l'armée de terre, rapportés p. LI, statuent de même.

(2) *Voyez* ce décret p. XLVI.

TABLE DES MATIÈRES

contenues

DANS LE CODE DES MEMBRES DE LA LÉGION-D'HONNEUR.

FIN DE LA TABLE DES MATIÈRES.

LÉGISLATION

LES TITRES DE NOBLESSE ET SUR LES CHANGEMENTS ET ADDITIONS DE NOMS.

———

LETTRES PATENTES du roi, du 25 juin 1790, sur un décret de l'Assemblée nationale qui abolit la noblesse héréditaire, et porte que les titres de prince, de duc, de comte, marquis et autres titres semblables, ne seront pris par qui que ce soit, ni donnés à personne.

LOUIS, par la grâce de Dieu et par la loi constitutionnelle de l'État, Roi des Français : à tous ceux qui ces présentes verront, salut.

L'assemblée nationale a décrété, le 19 de ce mois, et nous voulons et ordonnons ce qui suit :

Art. [premier. La noblesse héréditaire est pour toujours abolie ; en conséquence, les titres de prince, de duc, de comte, marquis, vicomte, vidame, baron, chevalier, messire, écuyer, noble, et tous autres titres semblables, ne seront pris par qui que ce soit, ni donnés à personne.

2. Aucun citoyen ne pourra prendre que le vrai nom de sa famille ; personne ne pourra porter ni faire porter des livrées ni avoir d'armoiries ; l'encens ne sera brûlé dans les temples que pour honorer la Divinité, et ne sera offert à qui que ce soit.

3. Les titres de monseigneur et de messeigneurs

ne seront donnés ni à aucun corps ni à aucun individu, ainsi que les titres d'Excellence, d'Altesse, d'Éminence, de Grandeur, etc., sans que, sous prétexte des présentes, aucun citoyen puisse se permettre d'attenter aux monumens placés dans les temples, aux chartes, titres et autres renseignemens intéressant les familles ou les propriétés, ni aux décorations d'aucuns lieux publics ou particuliers, et sans que l'exécution des dispositions relatives aux livrées et aux armes placées sur les voitures puisse être suivie ni exigée par qui que ce soit avant le 14 juillet, pour les citoyens vivant à Paris, et avant trois mois pour ceux qui habitent la province.

4. Ne sont pas compris dans la disposition des présentes tous les étrangers, lesquels pourront conserver en France leurs livrées et leurs armoiries.

CONSTITUTION FRANÇAISE du 3-14 septembre 1791.

PRÉAMBULE.

L'assemblée nationale, voulant établir la constitution française sur les principes qu'elle vient de reconnaître et de déclarer, abolit irrévocablement les institutions qui blessaient la liberté et l'égalité des droits.

Il n'y a plus ni noblesse, ni pairie, ni distinctions héréditaires, ni distinctions d'ordres, ni régime féodal, ni justices patrimoniales, ni aucun des titres, dénominations et prérogatives qui en dérivaient, ni aucun ordre de chevalerie, ni aucune des corporations ou décorations pour lesquelles on exigeait des preuves de noblesse, ou qui supposaient des distinctions de naissance, ni aucune autre supériorité, que celle des fonctionnaires publics dans l'exercice de leurs fonctions.

Il n'y a plus ni vénalité ni hérédité d'aucun office public.

Il n'y a plus, pour aucune partie de la nation, ni pour aucun individu, aucun privilége ni exception au droit commun de tous les Français.

Il n'y a plus ni jurandes, ni corporations de professions, arts et métiers.

La loi ne reconnaît plus ni vœux religieux, ni aucun autre engagement qui serait contraire aux droits naturels ou à la constitution.

LOI du 27 septembre-16 octobre 1791, portant défenses à tout citoyen français de prendre, dans aucun acte, les titres et qualifications supprimés par la constitution.

ART. PREMIER. Tout citoyen français qui, à compter du jour de la publication du présent décret, insérerait dans ses quittances, obligations, promesses et généralement dans tous ses actes quelconques, quelques-unes des qualifications supprimées par la constitution, ou quelques-uns des titres ci-devant attribués à des fonctions qui n'existent plus, sera condamné par corps à une amende égale à six fois la valeur de sa contribution mobilière, sans déduction de la contribution foncière.

Lesdites qualifications ou titres seront rayés par procès-verbal dés juges du tribunal, et ceux qui auront commis ce délit contre la constitution, seront condamnés en outre à être rayés du tableau civique, et seront déclarés incapables d'occuper aucuns emplois civils ou militaires.

LOI du 16 mai 1792, relative aux papiers déposés aux Augustins, concernant les ci-devant ordres de chevalerie et de la noblesse.

LOUIS, par la grâce de Dieu et par la loi constitutionnelle de l'État, Roi des Français, à tous présens et à venir, salut. L'assemblée nationale a décrété, et nous voulons et ordonnons ce qui suit :

Décret de l'assemblée nationale, du 12 mai 1792, l'an quatrième de la liberté.

L'assemblée nationale, considérant qu'il s'agit de déterminer un local où seront déposés les titres qui l'ont été jusqu'à présent dans les bâtimens du couvent des ci-devant Grands-Augustins, et qu'il importe de réduire le dépôt de ces titres à ce qu'il doit être de nos jours, et à l'espace qu'un tel dépôt doit occuper, décrète qu'il y a urgence.

L'assemblée nationale, après avoir décrété l'urgence, décrète ce qui suit :

Les papiers déposés aux Augustins, appartenant ci-devant aux ordres de chevalerie et à la noblesse, seront brûlés sous les ordres du département de Paris, après qu'il aura été distrait, sous sa surveillance, par la municipalité et la commission des savans, les titres de propriétés tant nationales que particulières, et les pièces qui pourraient intéresser les sciences et les arts.

Le présent décret ne sera envoyé qu'au département de Paris.

LOI du 24 juin 1792, additionnelle à celle concernant le brûlement des titres de noblesse existant dans les dépôts publics.

LOUIS, par la grâce de Dieu, etc.... L'assemblée nationale a décrété, et nous voulons et ordonnons ce qui suit :

Décret de l'assemblée nationale, du 19 juin 1792, l'an quatrième de la liberté.

L'assemblée nationale, considérant qu'il existe dans plusieurs dépôts publics, comme la bibliothèque nationale, dans les greffes des chambres des comptes, dans les archives, des chapitres à preuves, etc., des titres généalogiques qu'il serait dispendieux de conserver, et qu'il est utile d'anéantir, décrète qu'il y a urgence.

L'assemblée nationale, après avoir décrété l'urgence, décrète ce qui suit :

ART. PREMIER. Tous les titres généalogiques qui se trouveront dans un dépôt public, quel qu'il soit, seront brûlés.

2. Les directoires de chaque département seront chargés de l'exécution du présent décret, et chargeront des commissaires de séparer ces papiers inutiles, des titres de propriété qui pourraient être confondus avec eux dans quelques-uns de ces dépôts.

CONSTITUTION du 5 fructidor an III (22 août 1795).

Déclaration des droits et des devoirs de l'homme et du citoyen.

ART. 3. L'égalité consiste en ce que la loi est la

même pour tous , soit qu'elle protége , soit qu'elle punisse.

L'égalité n'admet aucune distinction de naissance, aucune hérédité de pouvoirs.

LOI du 11 germinal an XI (1er avril 1803) , relative aux prénoms et changemens de noms.

TITRE Ier. — DES PRÉNOMS.

ART. PREMIER. A compter de la publication de la présente loi, les noms en usage dans les différens calendriers, et ceux des personnages connus de l'histoire ancienne, pourront seuls être reçus, comme prénoms, sur les registres de l'état civil destinés à constater la naissance des enfants; et il est interdit aux officiers publics d'en admettre aucun autre dans leurs actes.

2. Toute personne qui porte actuellement comme prénom, soit le nom d'une famille existante, soit un nom quelconque qui ne se trouve pas compris dans la désignation de l'article précédent, pourra en demander le changement, en se conformant aux dispositions de ce même article.

3. Le changement aura lieu d'après un jugement du tribunal d'arrondissement, qui prescrira la rectification de l'acte de l'état civil. — Ce jugement sera rendu, le commissaire du gouvernement entendu, sur simple requête présentée par celui qui demandera le changement, s'il est majeur ou émancipé, et par ses père et mère ou tuteur, s'il est mineur.

TITRE II. — DES CHANGEMENS DE NOMS.

4. Toute personne qui aura quelque raison de changer de nom, en adressera la demande motivée au gouvernement.

5. Le gouvernement prononcera dans la forme prescrite pour les règlemens d'administration publique.

6. S'il admet la demande, il autorisera le changement de nom par un arrêté rendu dans la même forme, mais qui n'aura son exécution qu'après la révolution d'une année, à compter du jour de son insertion au *Bulletin des lois*.

7. Pendant le cours de cette année, toute personne y ayant droit sera admise à présenter requête au gouvernement pour obtenir la révocation de l'arrêté autorisant le changement de nom; et cette révocation sera prononcée par le gouvernement, s'il juge l'opposition fondée.

8. S'il n'y a pas eu d'oppositions, ou si celles qui ont été faites n'ont point été admises, l'arrêté autorisant le changement de nom aura son plein et entier effet à l'expiration de l'année.

9. Il n'est rien innové, par la présente loi, aux dispositions des lois existantes relatives aux questions d'état entraînant changement de noms, qui continueront à se poursuivre devant les tribunaux dans les formes ordinaires.

DÉCRET IMPÉRIAL du 1er mars 1808, concernant les titres (1).

NAPOLÉON, par la grâce de Dieu et les constitu-

(1) Un autre décret impérial également du 1er mars 1808

tions, Empereur des Français, roi d'Italie, et protecteur de la confédération du Rhin, à tous présens et à venir, salut :

Vu le sénatus-consulte du 14 août 1806,

Nous avons décrété et ordonné, décrétons et ordonnons ce qui suit :

Art. premier. Les titulaires des grandes dignités de l'Empire porteront le titre de prince et d'altesse sérénissime.

2. Les fils aînés des grands dignitaires auront de droit le titre de duc de l'Empire, lorsque leur père aura institué, en leur faveur, un majorat produisant deux cent mille francs de revenu.

Ce titre et ce majorat seront transmissibles à leur descendance directe et légitime, naturelle ou adoptive, de mâle en mâle, et par ordre de primogéniture.

3. Les grands dignitaires pourront instituer, pour leur fils aîné ou puîné, des majorats auxquels seront attachés des titres de comte ou de baron, suivant les conditions déterminées ci-après.

4. Nos ministres, les sénateurs, nos conseillers d'État à vie, les présidens du corps législatif, les archevêques, porteront, pendant leur vie, le titre de *comte.*

réglait les majorats. Après avoir été l'objet de nombreuses dispositions législatives de 1808 à 1830, la loi du 12 mai 1835, rapportée p. LXXIX, a prohibé pour l'avenir toute institution de majorats, et statué sur le sort de ceux antérieurement établis. *Voyez* aussi la loi du 7 mai 1849 sur les substitutions et les majorats, p. LXXX.

Il leur sera, à cet effet, délivré des lettres patentes, scellées de notre grand sceau.

5. Ce titre sera transmissible à la descendance directe et légitime, naturelle ou adoptive, de mâle en mâle, par ordre de primogéniture, de celui qui en aura été revêtu, et, pour les archevêques, à celui de leurs neveux qu'ils auront choisi, en se présentant devant le prince archichancelier de l'Empire, afin d'obtenir à cet effet nos lettres patentes, et, en outre, aux conditions suivantes :

6. Le titulaire justifiera, dans les formes que nous nous réservons de déterminer, d'un revenu net de trente mille francs, en biens de la nature de ceux qui devront entrer dans la formation des majorats.

Un tiers desdits biens sera affecté à la dotation du titre mentionné dans l'article 4, et passera avec lui sur toutes les têtes où ce titre se fixera.

7. Les titulaires mentionnés en l'article 4 pourront instituer, en faveur de leur fils aîné ou puîné, un majorat auquel sera attaché le titre de baron, suivant les conditions déterminées ci-après.

8. Les présidens de nos colléges électoraux de départemens, le premier président et le procureur général de notre cour de cassation, le premier président et le procureur général de notre cour des comptes, les premiers présidens et les procureurs généraux de nos cours impériales, les évêques, les maires des trente-sept bonnes villes qui ont droit d'assister à notre couronnement, porteront, pendant leur vie, le titre de *baron*, savoir : les présidens des colléges électoraux, lorsqu'ils auront présidé le collége pendant trois sessions ; les premiers présidens, procureurs généraux et maires, lorsqu'ils auront

dix ans d'exercice, et que les uns et les autres auront rempli leurs fonctions à notre satisfaction.

9. Les dispositions des articles 5 et 6 seront applicables à ceux qui porteront, pendant leur vie, le titre de *baron;* néanmoins, ils ne seront tenus de justifier que d'un revenu de quinze mille francs, dont le tiers sera affecté à la dotation de leur titre, et passera avec lui sur toutes les têtes où ce titre se fixera.

10. Les membres de nos colléges électoraux de département, qui auront assisté à trois sessions des colléges, et qui y auront rempli leurs fonctions à notre satisfaction, pourront se présenter devant l'archichancelier de l'Empire, pour demander qu'il nous plaise de leur accorder le titre de *baron;* mais ce titre ne pourra être transmissible à leur descendance directe et légitime, naturelle ou adoptive, de mâle en mâle et par ordre de primogéniture, qu'autant qu'ils justifieront d'un revenu de quinze mille francs de rente, dont le tiers, lorsqu'ils auront obtenu nos lettres patentes, demeurera affecté à la dotation de leur titre, et passera avec lui sur toutes les têtes où il se fixera.

11. Les membres de la Légion-d'Honneur, et ceux qui à l'avenir obtiendront cette distinction, porteront le titre de *chevalier.*

12. Ce titre sera transmissible à la descendance directe et légitime, naturelle ou adoptive, de mâle en mâle, par ordre de primogéniture, de celui qui en aura été revêtu, en se retirant devant l'archichancelier de l'Empire, afin d'obtenir à cet effet nos lettres patentes, et en justifiant d'un revenu net de trois mille francs au moins.

13. Nous nous réservons d'accorder les titres que

nous jugerons convenables, aux généraux, préfets, officiers civils et militaires, et autres de nos sujets qui se sont distingués par les services rendus à l'État.

14. Ceux de nos sujets à qui nous aurons conféré des titres, ne pourront porter d'autres armoiries ni avoir d'autres livrées que celles qui seront énoncées dans les lettres patentes de création.

15. Défendons à tous nos sujets de s'arroger des titres et qualifications que nous ne leur aurions pas conférés, et aux officiers de l'état civil, notaires et autres de les leur donner ; renouvelant, autant que besoin serait, contre les contrevenans, les lois actuellement en vigueur.

DÉCRET du 6 juillet 1810 sur l'organisation et le service des cours impériales, des cours d'assises et spéciales.

Art. 38. Les présidens de nos cours ne désigneront les parties dans le prononcé des arrêts, que par leurs noms et prénoms ; ils pourront seulement ajouter les titres de prince, duc, comte, baron ou chevalier, qui auront été conférés par nous ou par nos successeurs, avec les grades aussi par nous conférés, et l'état et profession des parties.

Cette disposition est commune au ministère public portant la parole en notre nom.

CHARTE CONSTITUTIONNELLE du 4 juin 1814.

Art. 71. La noblesse ancienne reprend ses titres, la nouvelle conserve les siens. Le roi fait des nobles à volonté ; mais il ne leur accorde que des rangs et des honneurs, sans aucune exemption des charges et des devoirs de la société.

ORDONNANCE du roi, du 8 octobre 1814, portant règlement sur les droits de sceau et sur ceux des référendaires.

ART. PREMIER. Les lettres patentes qui seront expédiées, par suite d'un décret du dernier gouvernement, sur une concession qu'il avait accordée, et qui en contiendront toutes les clauses, ne seront soumises qu'aux droits fixés par les statuts et décrets rendus pour le conseil du sceau des titres.

2. Les lettres patentes portant confirmation du même titre et changement d'armoiries ne seront soumises qu'aux droits suivans :

	Droits du sceau.	Droits des référendaires.
Renouvellement de lettres patentes :		
De comte,	100 f.	25 f.
De baron,	50	20
De chevalier,	15	15

3. Les lettres patentes portant collation du titre héréditaire de marquis, comte, vicomte et baron, seront soumises aux droits suivans :

	Droits du sceau.	Droits des référendaires.
Les lettres patentes de marquis et comte,	6,000 f.	150 f.
Les lettres patentes de vicomte,	4,000	150
Les lettres patentes de baron,	3,000	150
Les lettres patentes de che-		

valier que nous jugerons à pro-
pos d'accorder aux membres
de la Légion-d'Honneur, ne
donnant ce titre héréditaire-
ment qu'à la troisième généra-
tion, ne seront soumises qu'au
droit de   60   50

Les lettres de noblesse seront
soumises au droit de   600   50

4. Seront payées les sommes suivantes pour les
frais de sceau et d'expédition des lettres et diplômes
de diverse nature :

	Droits du sceau.	Droits des référendaires.
Grandes lettres de naturali-sation scellées,	*Gratis.*	50 f.
Lettres de déclaration de na-turalité,	100 f.	50
Lettres portant autorisation de se faire naturaliser ou de servir à l'étranger,	500	50
Dispenses d'âge pour ma-riage,	100	50
Dispenses de parenté pour mariage,	200	50

5. Nous nous réservons de remettre ou de modérer
les sommes ci-dessus en faveur de ceux de nos sujets
qui nous paraîtront susceptibles de cette nouvelle
grâce. Seront, au surplus, exécutés les tarifs et règlemens antérieurs, en tout ce qui n'est pas contraire
aux présentes.

DÉCRET IMPÉRIAL daté de Lyon, du 15 mars 1815, qui abolit la noblesse et les titres féodaux.

NAPOLÉON, par la grâce de Dieu et les constitutions de l'empire, EMPEREUR DES FRANÇAIS...

NOUS AVONS DÉCRÉTÉ et DÉCRÉTONS ce qui suit :

ART. PREMIER. La noblesse est abolie, et les lois de l'assemblée constituante seront mises en vigueur.

2. Les titres féodaux sont supprimés. Les lois de nos assemblées nationales seront mises en vigueur.

3. Les individus qui ont obtenu de nous des titres nationaux, comme récompense nationale, et dont les lettres patentes ont été vérifiées au conseil du sceau des titres, continueront à les porter.

4. Nous nous réservons de donner des titres aux descendans des hommes qui ont illustré le nom français dans les différens siècles, soit dans le commandement des armées de terre et de mer, dans les conseils du souverain, dans les administrations civiles et judiciaires, soit enfin dans les sciences et arts et dans le commerce, conformément à la loi qui sera promulguée sur cette matière.

5. Notre grand maréchal, faisant fonctions de major général de la grande armée, est chargé de prendre les mesures nécessaires pour la publication du présent décret.

LOI sur les finances, du 28 avril 1816.

ART. 55. Il sera perçu, au profit du trésor royal, un droit d'enregistrement suivant le tableau ci-après. — Aucune expédition desdites lettres patentes ne pourra être délivrée par le conseil du sceau des titres, que

le droit d'enregistrement n'ait préalablement été
payé.

ETAT *des droits de sceau perçus par le conseil du
sceau des titres, et du droit d'enregistrement pro-
posé pour le compte du trésor royal.*

NATURE DES LETTRES PATENTES SCELLÉES.

Ordonn. du 8 oct. 1814.

	Montant du droit du sceau.	Montant du droit d'enregistrement proposé à 20 pour 100.
Renouvellement de lettres patentes portant confirmation du même titre et changement d'armoiries :		
— de comte,	100 f.	20 f.
— de baron,	50	10
— de chevalier,	15	3
Collation du titre de duc,	»	3,000
Collation du titre héréditaire de marquis, comte, vicomte et baron, lettres patentes de chevalier et lettres de noblesse :		
— de marquis et comte,	6,000	1,200
— de vicomte,	4,000	800
— de baron,	3,000	600
— de chevalier,	60	12
Lettres de noblesse,	600	120

Grandes lettres de natura-
lisation,   *gratis.*   »
Lettres de déclaration de
naturalité,   100   20
Lettres portant autorisa-
tion de se faire naturaliser
ou de servir à l'étranger,   500   100
Dispenses d'âge pour ma-
riage (1),   100   20
Dispenses de parenté pour
le mariage,   200   40

Ordonn. du 26 déc. 1814.

Lettres portant renouvellement d'anciennes armoi-
ries :
— pour les villes de 1ʳᵉ classe ,   150   30
— pour les villes de 2ᵉ,   100   20
— villes et communes de 3ᵉ,   50   10
Lettres accordant des armoi-
ries aux villes qui n'en ont
pas encore :
— les villes de 1ʳᵉ classe,   600   120
— celles de 2ᵉ,   400   80
— celles de 3ᵉ   200   40

ORDONNANCE du roi, du 12 mars 1817, sur le droit à payer lors de la confirmation des titres de marquis, comte, vicomte et baron.

ART. PREMIER. Les lettres patentes portant confir-

(1) Les lettres patentes de dispense d'âge pour mariage des
personnes indigentes sont enregistrées *gratis* (art. 77 de la loi
du 15 mai 1818).

mation et maintenue des titres de marquis, de comte,
de vicomte, de baron, sont soumises à un droit de
sceau égal au quart du droit établi pour la collation
de ces mêmes titres.

2. Les lettres récognitives et confirmatives de noblesse payeront un droit de cent cinquante francs.

3. Les lettres patentes portant concession d'armoiries, ou bien autorisation d'y introduire un changement ou d'y faire une addition, payeront un droit
de soixante francs.

CHARTE CONSTITUTIONNELLE du 14 août 1830.

ART. 62. (Cet article reproduit littéralement l'article 71 de la charte de 1814, art. rapporté p. LXXIII.)

LOI du 12 mai 1835 sur les majorats (1).

ARTICLE PREMIER. Toute institution de majorats est
interdite à l'avenir.

2. Les majorats fondés jusqu'à ce jour avec des
biens particuliers ne pourront s'étendre au delà de
deux degrés, l'institution non comprise.

3. Le fondateur d'un majorat pourra le révoquer
en tout ou en partie, ou en modifier les conditions.
Néanmoins, il ne pourra exercer cette faculté, s'il
existe un appelé qui ait contracté, antérieurement à
la présente loi, un mariage non dissous ou dont il
soit resté des enfants. En ce cas, le majorat aura
son effet restreint à deux degrés, ainsi qu'il est dit
dans l'article précédent.

(1) *Voyez*, p. LXXX, la loi du 7 mai 1849.

4. Les dotations ou portions de dotations consistant en biens soumis au droit de retour en faveur de l'Etat, continueront à être possédées et transmises conformément aux actes d'investiture, et sans préjudice des droits d'expectative ouverts par la loi du 5 décembre 1814.

DÉCRET du 29 février 1848, sur l'abolition des anciens titres de noblesse.

Tous les anciens titres de noblesse sont abolis ; les qualifications qui s'y rattachaient sont interdites ; elles ne peuvent être prises publiquement ni figurer dans un acte public quelconque.

LOI du 7 mai 1849, sur les majorats et les substitutions (1).

Article premier. Les majorats de biens particuliers qui auront été transmis à deux degrés successifs, à partir du premier titulaire, sont abolis. Les biens composant ces majorats demeurent libres entre les mains de ceux qui en sont investis.

2. Pour l'avenir, la transmission, limitée à deux degrés, à partir du premier titulaire, n'aura lieu qu'en faveur des appelés déjà nés ou conçus lors de la promulgation de la présente loi.

S'il n'existe point d'appelés à cette époque, ou si ceux qui existaient décèdent avant l'ouverture de leur droit, les biens des majorats deviendront immédiatement libres entre les mains du possesseur.

3. Pendant une année, à partir de la promulgation de la présente loi, lorsqu'une saisie sera prati-

____

(1) *Voyez*, p. LXXIX, la loi du 12 mai 1835.

quée sur les biens devenus libres en vertu de l'article précédent, les juges pourront toujours, quelle que soit la nature du titre, appliquer l'article 1244 du Code civil, et surseoir aux poursuites ultérieures pendant le délai qu'ils détermineront.

4. Il n'est rien innové quant au droit spécial de révocation conféré au fondateur par l'article 3 de la loi du 12 mai 1835.

5. Dans les cas prévus par les articles 1, 2 et 4 de la présente loi, le ministre de la justice statuera sur les demandes en radiation, soit de la transcription hypothécaire, soit de l'annotation spéciale d'immobilisation des rentes sur l'Etat ou des actions de la Banque de France. Sur son refus, les parties intéressées pourront se pourvoir devant les tribunaux ordinaires, qui statueront définitivement.

6. Sont abrogées, relativement aux majorats des biens particuliers, les dispositions du décret du 1er mars 1808, art. 6, et du décret du 4 juin 1809, relatives à la retenue et à la capitalisation du dixième du revenu des rentes sur l'Etat ou des actions de la Banque.

7. La mutation par décès d'un majorat de biens particuliers donnera ouverture au droit de transmission de propriété en ligne directe.

La taxe du cinquième d'une année de revenu, établie par le décret du 4 mai 1809, est abolie pour l'avenir.

Il ne sera perçu qu'un droit de transmission d'usufruit mobilier sur la pension de la veuve.

8. La loi du 17 mai 1826, sur les substitutions, est abrogée.

9. Les substitutions déjà établies sont maintenues

au profit de tous les appelés nés ou conçus lors de la promulgation de la présente loi.

Lorsqu'une substitution sera recueillie par un ou plusieurs des appelés dont il vient d'être parlé, elle profitera à tous les autres appelés du même degré, ou à leurs représentans, quelle que soit l'époque où leur existence aura commencé.

DÉCRET du 24 janvier 1852, qui abroge celui du 29 février 1848, concernant les anciens titres de noblesse.

ART. UNIQUE. Le décret du gouvernement provisoire du 29 février 1848, concernant les anciens titres de noblesse, est abrogé.

LOI du 28 mai 1858, qui modifie l'article 259 du Code pénal (1).

ART. UNIQUE. L'art. 259 du Code pénal est modifié ainsi qu'il suit :

ART. 259. Toute personne qui aura publiquement porté un costume, un uniforme ou une décoration qui ne lui appartiendrait pas, sera punie d'un emprisonnement de six mois à deux ans.

Sera puni d'une amende de 500 fr. à 10,000 fr., quiconque, sans droit et en vue de s'attribuer une distinction honorifique, aura publiquement pris un titre, changé, altéré ou modifié le nom que lui assignent les actes de l'état civil.

Le tribunal ordonnera la mention du jugement en

(1) Bien que cet article 259 se trouve dans le Code des membres de la Légion-d'Honneur (p. LIV), nous avons, vu son importance dans la matière qui nous occupe, jugé utile de le rapporter à nouveau.

marge des actes authentiques ou des actes de l'état civil dans lesquels le titre aura été pris indûment ou le nom altéré.

Dans tous les cas prévus par le présent article, le tribunal pourra ordonner l'insertion intégrale ou par extrait du jugement dans les journaux qu'il désignera.

Le tout aux frais du condamné (1).

CIRCULAIRE du garde des sceaux aux procureurs généraux des cours impériales, du 19 juin 1858, sur l'exécution de la loi du 28 mai 1858.

MONSIEUR LE PROCUREUR GÉNÉRAL,

La loi du 28 mai 1858, qui modifie l'article 259 du Code pénal, vient d'être promulguée.

Cette loi rétablit, en la complétant, une disposition qui a existé dans nos codes, de 1810 à 1832, et

(1) L'article 259 du Code pénal de 1810 était ainsi conçu :

Art. 259. Toute personne qui aura publiquement porté un costume, un uniforme ou une décoration qui ne lui appartenait pas, ou qui se sera attribué des titres impériaux qui ne lui auraient pas été légalement conférés, sera punie d'un emprisonnement de deux mois à deux ans.

Nota.— En 1816 on avait substitué, dans cet article, aux mots *titres impériaux,* ceux-ci : *titres royaux,* ce qui en changeait totalement le sens.

La loi du 28 avril 1832 a abrogé l'article 259 rapporté ci-dessus, et l'a remplacé par le suivant :

« Art. 259. Toute personne qui aura publiquement porté un costume, un uniforme ou une décoration qui ne lui appartiendra pas, sera punie d'un emprisonnement de six mois à deux ans. »

Nota. — C'est ce nouvel article 259 qui a été modifié par la loi du 28 mai 1858.

qui n'aurait jamais dû en être effacée. Elle a le double but de réprimer les entreprises et les usurpations d'une vanité coupable et de maintenir, aux titres légalement conférés ou glorieusement acquis, le respect et l'inviolabilité que le gouvernement de l'Empereur s'honore d'assurer à toute propriété légitime. Elle est enfin destinée à protéger l'intégrité de l'état civil, et à mettre un terme à la modification arbitraire et illicite des noms de famille.

Vous avez déjà compris qu'en présence des faits qu'une trop longue tolérance a laissés se produire, la loi nouvelle doit être appliquée avec autant de prudence que de fermeté. Sa force est moins aujourd'hui dans le nombre des condamnations qu'elle pourra entraîner que dans les principes qu'elle pose et dans les scrupules qu'elle est appelée à ranimer.

J'aurai plus tard, en m'éclairant de l'expérience des faits, à vous retracer d'une manière générale les règles qui devront vous diriger.

Je dois, quant à présent, me borner à vous inviter à ne laisser intenter dans votre ressort aucune poursuite relative à des faits prévus par l'art. 259 rectifié du Code pénal, sans avoir provoqué et reçu mes instructions spéciales.

Je pourrai ainsi régulariser l'exécution de la loi sur tout le territoire de l'Empire, et vous aider à maintenir, dans tous les cas, aux poursuites qui seraient jugées nécessaires, le caractère protecteur et le but élevé qu'elles devront toujours avoir.

Il faut également s'attacher, dès à présent, à prévenir les abus que la loi du 28 mai dernier a voulu atteindre.

Vous voudrez bien prendre et prescrire à vos substituts les mesures nécessaires pour que les cours, les tribunaux, les officiers de l'état civil, les notaires et généralement tous les officiers publics n'attribuent désormais aux parties, dans les arrêts, les jugemens et les actes authentiques ou officiels, que les titres et les noms qu'elles justifieront être en droit de porter (1).

Je vous prie, monsieur le procureur général, de m'accuser réception de cette circulaire et de me tenir au courant de tous les faits qui vous paraîtront intéresser l'exécution de la loi nouvelle. Je compte en cette circonstance, comme toujours, sur l'exactitude et la sagesse de votre concours.

Recevez, monsieur le procureur général, l'assurance de ma considération très-distinguée.

Le garde des sceaux, ministre de la justice,

E. DE ROYER.

CIRCULAIRE du ministre de l'intérieur, du 26 juillet 1858, sur l'exécution de la loi du 28 mai 1858.

MONSIEUR LE PRÉFET,

Dans une circulaire adressée, le 19 juin dernier, à MM. les procureurs généraux, sur l'exécution de la loi du 28 mai 1858, M. le garde des sceaux recommande à ces magistrats de prescrire les mesures nécessaires « pour que les cours, les tribunaux, les officiers de l'état civil, les notaires, et généralement

____

(1) *Voyez* le décret du 6 juillet 1810, art. 38, p. LXXIII.

tous les officiers publics, n'attribuent désormais aux parties dans les arrêts, les jugemens et les actes authentiques ou officiels, que les titres et les noms qu'elles justifient être en droit de porter. »

Des précautions analogues seraient utilement appliquées à la délivrance des passe-ports. C'est surtout sur ces sortes de pièces que les individus qui ont des prétentions mal fondées à une distinction honorifique se font inscrire avec des noms et des qualités qui ne leur appartiennent pas, et ces passe-ports, considérés comme titres officiels par les personnes aux yeux desquelles ils sont produits, peuvent faciliter des abus de confiance et favoriser les fraudes que la loi du 28 mai dernier a eu en vue de réprimer.

Il convient donc que les fonctionnaires chargés de la délivrance des passe-ports apportent une attention particulière pour l'inscription, sur ces pièces, de particules et titres nobiliaires. Non-seulement ils doivent réclamer à cet égard l'attestation formelle des deux témoins dont la présence est nécessaire dans le cas prévu par l'article 1er de la loi du 17 ventôse an IV (7 mars 1796), mais encore ils peuvent, si, malgré cette attestation, il subsiste quelque doute sérieux dans leur esprit, faire procéder à une vérification des actes de l'état civil ou réclamer la production d'extraits de ces mêmes actes.

Les précautions rappelées ci-dessus doivent d'ailleurs être appliquées avec prudence et discernement. Elles manqueraient leur but si elles servaient de prétexte à des recherches inutiles ou à des actes vexatoires d'inquisition.

Je vous prie, Monsieur le préfet, d'adresser aux officiers de l'état civil dans votre département des instructions conformes aux prescriptions de la présente circulaire.

Recevez, etc.

Le ministre secrétaire d'État au département de l'intérieur,

Signé DELANGLE.

RAPPORT A L'EMPEREUR par M. de Royer, garde des sceaux, ministre secrétaire d'État au département de la justice, du 8 janvier 1859, sur le rétablissement du Conseil du sceau des titres.

SIRE,

En rétablissant des dispositions pénales contre ceux qui usurpent des titres et qui s'attribuent, sans droit, des qualifications honorifiques, la loi du 28 mai 1858 a rendu aux titres légitimement acquis leur importance réelle et leurs droits au respect public.

Dans un pays et sous un régime où le plus humble citoyen peut arriver, par sa valeur personnelle, aux plus hautes situations, la loi doit protéger ouvertement tout ce qui représente le prix du mérite et l'honneur des familles. La véritable et intelligente égalité consiste, non pas à proscrire les distinctions, mais à en permettre l'accès à tous ceux qui s'élèvent par le courage, par la dignité de la conduite ou par l'éclat des services.

La loi nouvelle doit recevoir une exécution sérieuse, mais éclairée.

Votre Majesté a voulu mettre un terme aux abus, atteindre la fraude et le charlatanisme, ramener l'ordre dans l'état civil, rendre enfin aux distinctions publiques le caractère et le prestige qui n'appartiennent qu'à la vérité ; mais elle n'a pas entendu porter atteinte à des droits acquis, ni inquiéter des possessions légitimes qui ne demandent que les moyens de se faire reconnaître et régulariser.

Les questions qui se rattachent à la transmission des titres dans les familles, à la vérification des qualifications contestées, à la confirmation ou à la reconnaissance des titres anciens, à la collation, s'il y a lieu, de titres nouveaux, sont nombreuses et délicates. Il importe qu'aucune garantie d'examen et de lumières ne manque à leur solution. J'ai l'honneur de soumettre à l'approbation de Votre Majesté un projet de décret délibéré en conseil d'État et portant rétablissement du *conseil du sceau des titres.*

Créé par le second statut du 1ᵉʳ mars 1808, le conseil du sceau des titres se composait, sous la présidence de l'archichancelier de l'Empire, de trois sénateurs, de deux conseillers d'État, d'un procureur général, d'un secrétaire général et d'un trésorier. Une ordonnance du 15 juillet 1814 le remplaça par une commission présidée par le garde des sceaux, qui fut elle-même supprimée le 31 octobre 1830.

Une partie des attributions du conseil et de la commission du sceau se référait à l'institution des majorats et au régime des biens affectés à leur formation. Sous l'empire de la loi du 12 mai 1835, qui a interdit les majorats pour l'avenir, ces attributions ne peuvent aujourd'hui conserver d'application qu'en ce qui concerne les questions transitoires et les majorats encore existans.

Mais les variations qu'a subies la législation relative aux titres et aux noms, ont créé des situations sur lesquelles les délibérations et les avis d'un conseil spécial seront utilement provoqués. Sous ce rapport, il a paru nécessaire d'étendre les attributions de l'ancien conseil du sceau, de les mettre en harmonie avec les lois actuelles, et de donner d'une manière générale au garde des sceaux le droit de soumettre à l'examen du nouveau conseil toutes les difficultés se rattachant à cet ordre de matière. C'est l'objet des articles 5, 6 et 7 du projet.

Quel sera, par exemple, en présence d'une loi qui n'autorise plus la constitution des majorats, le sort des titres qui ne devaient devenir héréditaires qu'à la condition de la formation d'un majorat?

Quelles seront, dans l'avenir, les règles à suivre pour la collation des titres et leur transmission dans les familles?

Dans quel ordre, dans quelles limites, à quelles conditions, le titre du père assurera-t-il un titre à ses fils? Convient-il de consacrer les règles posées par le décret du 4 juin 1809 et par l'ordonnance du 25 août 1817?

Pour les temps antérieurs à 1789, à défaut d'un acte régulier de collation, de reconnaissance ou d'autorisation, dont la production n'est pas toujours possible, n'y aura-t-il pas lieu d'attribuer au conseil du sceau la faculté d'étendre le cercle des preuves et d'admettre, selon les circonstances, comme justification du droit au titre ou au nom soumis à sa vérification, une possession constatée par des actes de fonctionnaires publics, ou par des documens historiques?

Une ordonnance du 31 janvier 1819, non insérée au *Bulletin des lois*, soumet, en France, à l'autorisation préalable de Votre Majesté, le port des titres conférés par des souverains étrangers. Ces dispositions ne doivent-elles pas être rappelées et ramenées à une exécution sérieuse ?

Ce sont là des questions qui demeurent réservées, mais dont la solution ne saurait être longtemps différée en présence du nouveau texte de l'article 259 du Code pénal. En se livrant à un travail d'ensemble et à l'étude complète des faits, le conseil du sceau recueillera les élémens et concourra à préparer les bases des décisions de Votre Majesté.

Les demandes en changement ou en addition de nom restent soumises aux formes tracées par la loi du 11 germinal an XI. Les autorisations de cette nature sont accordées par Votre Majesté dans la forme des règlemens d'administration publique. Le conseil du sceau des titres pourra toutefois être consulté sur les changemens ou les additions qui auraient le caractère d'une qualification honorifique ou nobiliaire, et qui rentreraient ainsi dans l'ordre des faits qu'a voulu prévoir l'article 259 du Code pénal.

Aux termes de l'article 7 de la loi du 11 germinal an XI, toute personne y ayant droit peut, dans le délai d'une année, à partir de l'insertion au *Bulletin des lois*, poursuivre la révocation du décret qui a autorisé un changement ou une addition de nom. Pour sauvegarder plus efficacement ce droit des tiers, l'article 9 du projet de décret exige que la demande de changement ou d'addition de nom soit elle-même préalablement insérée par extrait au *Moniteur* et dans d'autres journaux qu'il désigne. Il ne peut être statué sur la demande que trois mois après la date des insertions.

Cette disposition ne fait que consacrer, en lui donnant une forme plus obligatoire et plus solennelle, une règle administrative créée par deux décisions du ministre de la justice des 26 octobre 1815 et 10 avril 1818.

Mais, s'il est nécessaire et juste d'appliquer sans exception cette règle à tous ceux qui demandent l'autorisation de prendre, à l'avenir, un nom qu'ils n'ont jamais porté, et sous lequel ils ne sont pas connus, cette nécessité peut paraître moins impérieuse lorsque le décret d'autorisation que l'on sollicite, et qui ne sera lui-même définitif qu'après le délai d'un an, ne doit intervenir que pour régulariser un nom honorablement porté depuis longtemps, accepté par le public, inscrit dans des actes officiels ou illustré par d'importans services. L'insertion de la demande, qui n'a d'autre but que d'avertir les tiers, n'a plus alors le même intérêt, et elle pourrait, dans certains cas, avoir plus d'inconvéniens que d'avantages. Ces considérations, jointes aux ménagemens que commandent toujours les situations transitoires, ont dicté la disposition de l'article 10, en vertu de laquelle le garde des sceaux peut, sur l'avis du conseil du sceau, dispenser des insertions prescrites par l'article 9 les demandes fondées sur une possession ancienne ou notoire et consacrée par d'importans services. Toutefois, le conseil d'État a pensé que, quelque circonscrite que fût cette faculté, elle devait, en outre, avoir, comme les exigences auxquelles elle est appelée à répondre, un caractère essentiellement transitoire. Il en a limité la durée à une période de deux années, à partir de la promulgation du décret.

Trois sénateurs et deux conseillers d'État entreront, comme en 1808, dans la composition du conseil. Votre Majesté a, en outre, permis que deux membres de la cour de cassation fussent appelés à en faire partie. Votre haute magistrature, Sire, répondra dignement à ce nouvel appel fait à son dévoûment et à ses lumières. Il a également paru convenable d'introduire dans le conseil du sceau trois maîtres des requêtes qui, suivant la loi de leur institution, auront voix délibérative dans les affaires dont ils feront le rapport et voix consultative dans les autres. Enfin, des auditeurs au conseil d'État peuvent être attachés au conseil du sceau.

La loi du 29 janvier 1831, portant règlement définitif du budget de 1828, a supprimé la caisse du sceau. Les droits qui étaient versés dans cette caisse sont aujourd'hui perçus directement par le trésor public. Tant que cette disposition législative n'aura pas été modifiée, il n'y aura pas lieu de créer un trésorier du sceau.

Les demandes portées devant le conseil du sceau des titres seront instruites par le ministère des référendaires au sceau.

Si Votre Majesté daigne approuver le projet de décret dont le texte suit, j'aurai l'honneur de prendre ses ordres pour la nomination des membres du conseil du sceau.

DÉCRET IMPÉRIAL du 8 janvier 1859, portant rétablissement du conseil du sceau des titres.

ART. PREMIER. Le conseil du sceau des titres est rétabli.

Il est composé de trois sénateurs, de deux conseillers d'État, de deux membres de la cour de cassation, de trois maîtres des requêtes, d'un commissaire impérial, d'un secrétaire.

Des auditeurs au conseil d'Etat peuvent être attachés au conseil du sceau.

2. Les membres du conseil du sceau sont nommés par décret impérial.

3. Le conseil du sceau est convoqué et présidé par notre garde des sceaux, ministre de la justice. Il est présidé, en l'absence du garde des sceaux, par celui de ses membres que nous aurons désigné.

Le commissaire impérial remplit les fonctions précédemment attribuées au procureur général du sceau des titres.

Le secrétaire tient le registre des délibérations, qui reste déposé au ministère de la justice.

4. Les avis du conseil du sceau sont rendus à la majorité des voix. La présence de cinq membres, au moins, est nécessaire pour la délibération.

Les maîtres des requêtes ont voix délibérative dans les affaires dont le rapport leur est confié.

En cas de partage, la voix du président est prépondérante.

5. Le conseil du sceau a, dans tout ce qui n'est pas contraire à la législation actuelle, les attributions qui appartenaient au conseil du sceau créé par le décret du 1er mars 1808, et à la commission du sceau établie par l'ordonnance du 15 juillet 1814.

6. Il délibère et donne son avis :

1° Sur les demandes en collation, confirmation et reconnaissance de titres, que nous aurons renvoyées à son examen ;

2° Sur les demandes en vérification de titres ;

3° Sur les demandes en remise totale ou partielle des droits de sceau, dans les cas prévus par les deux paragraphes précédens, et généralement sur toutes les questions qui lui sont soumises par notre garde des sceaux.

Il peut être consulté sur les demandes en changement ou addition de noms ayant pour effet d'attribuer une distinction honorifique.

7. Toute personne peut se pourvoir auprès de notre garde des sceaux pour provoquer la vérification de son titre par le conseil du sceau.

8. Les référendaires institués par les ordonnances des 15 juillet 1814, 11 décembre 1815 et 31 octobre 1830, sont chargés de l'instruction des demandes soumises au conseil du sceau.

La forme de procéder est réglée par arrêté de notre garde des sceaux, le conseil du sceau entendu.

Les règlemens antérieurs sont, au surplus, maintenus en tout ce qui n'est pas contraire au présent décret.

9. Les demandes en addition ou changement de noms sont insérées au *Moniteur* et dans les journaux désignés pour l'insertion des annonces judiciaires de l'arrondissement où réside le pétitionnaire et de celui où il est né.

Il ne peut être statué sur les demandes que trois mois après la date des insertions.

10. Pendant deux ans, à partir de la promulgation du présent décret, notre garde des sceaux pourra, sur l'avis du conseil du sceau des titres, dispenser des insertions prescrites par l'article précédent, lorsque les demandes seront fondées sur une possession ancienne ou notoire et consacrée par d'importans services.

FIN.

TABLE DES MATIÈRES

contenues

DANS LA LÉGISLATION SUR LES TITRES DE NOBLESSE ET SUR LES CHANGEMENTS ET ADDITIONS DE NOMS.

Poitiers. — Typ. de A. Dupré.

APPENDICE.

SÉNATUS-CONSULTE du 22 avril-1er mai 1856, interprétatif de l'article 22 du sénatus-consulte du 12 décembre 1852 sur la liste civile et la dotation de la couronne.

ART. UNIQUE. L'administrateur de la dotation de la couronne a seul qualité pour procéder en justice, soit en demandant, soit en défendant, dans les instances relatives à la propriété des biens faisant partie de cette dotation ou du domaine privé.

Il a seul qualité pour préparer et consentir les actes relatifs aux échanges du domaine de la couronne, et tous autres actes conformes aux prescriptions du sénatus-consulte du 12 décembre 1852.

Il a pareillement qualité, dans les cas prévus par les articles 13 et 26 de la loi du 3 mai 1841, pour consentir seul les expropriations et recevoir les indemnités, sous la condition de faire emploi desdites indemnités, soit en immeubles, soit en rentes sur l'État, sans toutefois que le débiteur soit tenu de surveiller le remploi.

SÉNATUS-CONSULTE du 17-20 juillet 1856 sur la régence de l'empire.

ART. PREMIER. L'empereur est mineur jusqu'à l'âge de dix-huit ans accomplis.

2. Si l'empereur mineur monte sur le trône sans que l'empereur son père ait disposé, par acte rendu public avant son décès, de la régence de l'empire, l'impératrice mère est régente et a la garde de son fils mineur.

3. L'impératrice-régente qui convole à de secon-

des noces perd de plein droit la régence et la garde
de son fils mineur.

4. A défaut de l'impératrice, qu'elle ait ou non
exercé la régence, et si l'empereur n'en a autre-
ment disposé par acte public ou secret, la régence
appartient au premier prince français, et, à son défaut, à l'un des autres princes français dans l'ordre
de l'hérédité de la couronne.

L'empereur peut, par acte public ou secret, pourvoir aux vacances qui pourraient se produire dans
l'exercice de la régence pendant la minorité.

5. S'il n'existe aucun prince français habile à
exercer la régence, les ministres en fonctions se
forment en conseil et gouvernent les affaires de
l'État jusqu'au moment où le régent est nommé.

Ils délibèrent à la majorité des voix.

Immédiatement après la mort de l'empereur, le
sénat est convoqué par le conseil de régence.

Sur la proposition du conseil de régence, le sénat
élit le régent parmi les candidats qui lui sont présentés.

Dans le cas où le conseil de régence n'aurait pas
été nommé par l'empereur, la convocation et la proposition sont faites par les ministres formés en conseil, avec l'adjonction des présidens en exercice du
sénat, du corps législatif et du conseil d'État.

6. Le régent et les membres du conseil de régence
doivent être Français et âgés de vingt et un ans accomplis.

7. Les actes par lesquels l'empereur dispose de la
régence ou nomme les membres du conseil de régence sont adressés au sénat et déposés dans ses archives.

Si l'empereur a disposé de la régence ou nommé
les membres du conseil de régence par un acte secret, l'ouverture de cet acte est faite immédiatement
après la mort de l'empereur, au sénat, par le président du sénat, en présence des sénateurs qui au-

ront pu répondre à la convocation, et en présence des ministres et des présidens du corps législatif et du conseil d'État dûment appelés.

8. Tous les actes de la régence sont au nom de l'empereur mineur.

9. Jusqu'à la majorité de l'empereur, l'impératrice-régente ou le régent exerce pour l'empereur mineur l'autorité impériale dans toute sa plénitude, sauf les droits attribués au conseil de régence.

Toutes les dispositions législatives qui protégent la personne de l'empereur sont applicables à l'impératrice-régente et au régent.

10. Les fonctions de l'impératrice-régente ou du régent commencent au moment du décès de l'empereur.

Mais si un acte secret concernant la régence a été adressé au sénat et déposé dans ses archives, les fonctions du régent ne commencent qu'après l'ouverture de cet acte. Jusqu'à ce qu'il y ait été procédé, le gouvernement des affaires de l'État reste entre les mains des ministres en fonctions, conformément à l'article 5.

11. Si l'empereur mineur décède, laissant un frère héritier du trône, la régence de l'impératrice ou celle du régent continue sans aucune formalité nouvelle.

12. La régence de l'impératrice cesse si l'ordre d'hérédité appelle au trône un prince mineur qui ne soit pas son fils. Il est pourvu, dans ce cas, à la régence, conformément à l'article 4 ou à l'article 5 du présent sénatus-consulte.

13. Si l'empereur mineur décède, laissant la couronne à un empereur mineur d'une autre branche, le régent reste en fonctions jusqu'à la majorité du nouvel empereur.

14. Lorsque le prince français désigné par le présent sénatus-consulte s'est trouvé empêché, par défaut d'âge ou par toute autre cause légale, d'exercer

la régence, au moment du décès de l'empereur, le régent en exercice conservera la régence jusqu'à la majorité de l'empereur.

15. La régence, autre que celle de l'impératrice, ne confère aucun droit sur la personne de l'empereur mineur.

La garde de l'empereur mineur, la surintendance de sa maison, la surveillance de son éducation sont confiées à sa mère.

A défaut de la mère ou d'une personne désignée par l'empereur, la garde de l'empereur mineur est confiée à la personne nommée par le conseil de régence.

Ne peuvent être nommés ou désignés, ni le régent, ni ses descendans.

16. Si l'impératrice-régente ou le régent n'ont pas prêté serment du vivant de l'empereur pour l'exercice de la régence, ils le prêtent, sur l'Évangile, à l'empereur mineur assis sur le trône, assisté des princes français, des membres du conseil de régence, des ministres, des grands officiers de la couronne et des grands-croix de la Légion-d'Honneur, en présence du sénat, du corps législatif et du conseil d'État.

Le serment peut aussi être prêté à l'empereur mineur en présence des membres du conseil de régence, des ministres et des présidens du sénat, du corps législatif et du conseil d'État.

Dans ce cas, la prestation de serment est rendue publique par une proclamation de l'impératrice-régente ou du régent.

17. Le serment prêté par l'impératrice-régente ou le régent est conçu en ces termes :

« Je jure fidélité à l'empereur ; je jure de gou-
» verner conformément à la constitution, aux sé-
» natus-consultes et aux lois de l'empire ; de main-
» tenir dans leur intégrité les droits de la nation et
» ceux de la dignité impériale ; de ne consulter, dans

» l'emploi de mon autorité, que mon dévoûment
» pour l'empereur et pour la France, et de remettre
» fidèlement à l'empereur, au moment de sa majo-
» rité, le pouvoir dont l'exercice m'est confié. »

Procès-verbal de cette prestation de serment est
dressé par le ministre d'État. Ce procès-verbal est
adressé au sénat et déposé dans ses archives.

L'acte est signé par l'impératrice-régente ou le
régent, par les princes de la famille impériale, par
les membres du conseil de régence, par les ministres
et par les présidens du sénat, du corps législatif et
du conseil d'État.

TITRE II.

DU CONSEIL DE RÉGENCE.

18. Un conseil de régence est constitué pour toute
la durée de la minorité de l'empereur.

Il se compose :

1° Des princes français désignés par l'empereur ;

A défaut de désignation par l'empereur, des deux
princes français les plus proches dans l'ordre d'hérédité ;

2° Des personnes que l'empereur a désignées par
acte public ou secret.

Si l'empereur n'a fait aucune désignation, le sénat
nomme cinq personnes pour faire partie du conseil
de régence.

En cas de mort ou de démission d'un ou plusieurs
membres du conseil de régence, autres que les
princes français, le sénat pourvoit à leur remplace-
ment.

19. Aucun membre du conseil de régence ne peut
être éloigné de ses fonctions par l'impératrice-régente ou le régent.

20. Le conseil de régence est convoqué et présidé
par l'impératrice-régente ou le régent.

1*

L'impératrice-régente ou le régent peuvent déléguer, pour présider à leur place, l'un des princes français faisant partie du conseil de régence ou l'un des autres membres de ce conseil.

21. Le conseil de régence délibère nécessairement, et à la majorité absolue des voix :

1° Sur le mariage de l'empereur ;

2° Sur les déclarations de guerre, la signature des traités de paix, d'alliance ou de commerce ;

3° Sur les projets de sénatus-consultes organiques.

En cas de partage, la voix de l'impératrice-régente ou du régent est prépondérante. Si la présidence est exercée par délégation, l'impératrice-régente ou le régent décident.

22. Le conseil de régence a seulement voix consultative sur toutes les autres questions qui lui sont soumises par l'impératrice-régente ou le régent.

TITRE III.

DISPOSITIONS DIVERSES.

23. Durant la régence, l'administration de la dotation de la couronne continue selon les règles établies.

L'emploi des revenus est déterminé dans les formes accoutumées, sous l'autorité de l'impératrice-régente ou du régent.

24. Les dépenses personnelles de l'impératrice-régente ou du régent et l'entretien de leur maison font partie du budget de la couronne. La quotité en est fixée par le conseil de régence.

25. En cas d'absence du régent au commencement d'une minorité, sans qu'il y ait été pourvu par l'empereur avant son décès, les affaires de l'État sont gouvernées, jusqu'à l'arrivée du régent, conformément aux dispositions de l'article 5 du présent sénatus-consulte.

LOI du 17-23 juillet 1856, relative aux pensions des grands fonctionnaires
de l'empire.

ART. PREMIER. Il pourra être accordé, par décret impérial, aux ministres et autres grands fonctionnaires de l'empire, à leurs veuves et à leurs enfans, aux veuves et aux enfans des maréchaux et amiraux, une pension dont le maximum n'excédera pas vingt mille francs (20,000 fr.), lorsque, par des services éminens rendus à l'État, ces fonctionnaires auront mérité une récompense extraordinaire, et que l'insuffisance de leur fortune rendra cette pension nécessaire.

Dans aucun cas, ces pensions ne pourront être cumulées avec d'autres pensions ou traitemens payés sur les fonds généraux du trésor.

2. Le montant des pensions inscrites en vertu de la présente loi ne pourra excéder la somme de cinq cent mille francs (500,000 fr.).

3. Le fonds de ces pensions fera, chaque année, un article spécial de la loi de finances.

LETTRES PATENTES du 1er-9 février 1858, qui confèrent à Sa Majesté l'impératrice le titre de régente, pour porter ledit titre et en exercer les fonctions à partir du jour de l'avénement de l'empereur mineur.

NAPOLÉON, par la grâce de Dieu et la volonté nationale, EMPEREUR DES FRANÇAIS, à tous ceux qui ces présentes verront, SALUT.

Voulant faire cesser dès aujourd'hui les incertitudes qui résultent du sénatus-consulte du 17 juillet 1856, et donner à notre bien-aimée épouse l'impératrice *Eugénie* des marques de la haute confiance que nous avons en elle, nous avons résolu de lui conférer et lui conférons par ces présentes le titre de régente, pour porter ledit titre et en exercer les fonctions à partir du jour de l'avénement de l'empereur mineur, le tout conformément aux dispositions du sénatus-consulte sur la régence.

Mandons à notre ministre d'État de donner communication des présentes lettres à notre garde des sceaux, pour être insérées au Bulletin des lois, ainsi qu'aux présidens du sénat, du corps législatif et du conseil d'État.

DÉCRET IMPÉRIAL du 1er-9 février 1858, qui institue un conseil privé.

ART. PREMIER. Il est institué un conseil privé, qui se réunira sous la présidence de l'empereur.

2. Le conseil privé deviendra, avec l'adjonction des deux princes français les plus proches dans l'ordre d'hérédité, conseil de régence, dans le cas où l'empereur n'en aurait pas désigné un autre par acte public.

3. Sont membres du conseil privé :
Son Eminence le cardinal *Morlot*,
Son Excellence le maréchal duc *de Malakoff*,
Son Excellence M. *Achille Fould*,
Son Excellence M. *Troplong*,
Son Excellence le comte *de Morny*,
Son Excellence M. *Baroche*,
Son Excellence le comte *de Persigny*.

LETTRES PATENTES du 1er-9 février 1858, qui investissent Son Altesse Impériale le prince Jérôme-Napoléon du droit d'assister aux réunions ordinaires et extraordinaires des conseils impériaux.

NAPOLÉON, par la grâce de Dieu et la volonté nationale, EMPEREUR DES FRANÇAIS, à tous ceux qui ces présentes verront, SALUT.

Voulant donner à notre bien-aimé oncle le prince *Jérôme-Napoléon* des marques de notre haute confiance, nous avons résolu de l'investir, comme nous l'investissons par ces présentes, du droit d'assister aux réunions ordinaires et extraordinaires de nos conseils, voulant qu'il les préside pendant nos absences, et ce en conformité de nos instructions et de nos ordres.

Mandons à notre ministre d'État de donner communication des présentes à notre garde des sceaux, pour être insérées au Bulletin des lois.

SÉNATUS-CONSULTE du 17-19 février 1858, qui exige le serment
des candidats à la députation.

ART. PREMIER. Nul ne peut être élu député au corps
législatif si, huit jours au moins avant l'ouverture
du scrutin, il n'a déposé, soit en personne, soit par
un fondé de pouvoirs en forme authentique, au secrétariat de la préfecture du département dans lequel
se fait l'élection, un écrit signé de lui, contenant le
serment formulé dans l'article 16 du sénatus-consulte du 25 décembre 1852.

L'écrit déposé ne peut, à peine de nullité, contenir
que ces mots : « *Je jure obéissance à la Constitution
et fidélité à l'empereur.* »

Il en est donné récépissé.

2. La publication d'une candidature, la distribution et l'affichage des circulaires et des bulletins électoraux pour lesquels le dépôt au parquet du procureur impérial aura été effectué, ne peuvent avoir
lieu qu'après que le candidat s'est conformé aux dispositions de l'article précédent.

Toute publication, distribution, ou tout affichage
antérieurs, seront punis des peines portées par l'article 6 de la loi du 27 juillet 1849.

3. Pendant la durée des opérations électorales, un
tableau, certifié par le préfet, et contenant les noms
des candidats qui ont rempli, dans le délai voulu, la
prescription de l'article 1er du présent sénatus-consulte, est déposé sur le bureau.

4. Les bulletins portant le nom d'un candidat qui
ne se sera pas conformé aux dispositions de l'article 1er du présent sénatus-consulte sont nuls et
n'entrent point en compte dans le résultat du dépouil-
lement du scrutin ; mais ils sont annexés au procès-
verbal.

SÉNATUS-CONSULTE du 4-15 juin 1858, relatif à la compétence de la haute cour de justice.

ART. PREMIER. La haute cour de justice, organisée par le sénatus-consulte du 10 juillet 1852, connaît des crimes et des délits commis par des princes de la famille impériale et de la famille de l'empereur, par des ministres, par des grands officiers de la couronne, par des grands-croix de la Légion-d'Honneur, par des ambassadeurs, par des sénateurs, par des conseillers d'État.

Toutefois, les personnes dénommées dans le précédent paragraphe, poursuivies pour faits relatifs au service militaire, demeurent justiciables des juridictions militaires, conformément aux codes de justice militaire pour les armées de terre et de mer.

2. Si la poursuite a pour objet un délit, il est procédé conformément aux articles 11, 12, paragraphes 1 et 2, 13 et 14 du sénatus-consulte du 10 juillet 1852 ; mais, dans ce cas, la chambre de jugement statue sans l'assistance du jury. Le premier président de la cour de cassation et les trois présidens de chambre de cette cour, ou, à leur défaut, les conseillers qui remplissent leurs fonctions, lui sont adjoints.

Elle est présidée par le premier président.

3. Si des ministres sont mis en accusation par le sénat, en vertu de l'article 13 de la Constitution, la chambre de jugement de la haute cour est convoquée par un décret impérial qui fixe le lieu des séances et le jour de l'ouverture des débats.

4. Lorsque l'accusé ou le prévenu a été reconnu coupable, la haute cour applique la peine prononcée par la loi.

5. Les dignitaires ou hauts fonctionnaires désignés dans l'article 1er, contre lesquels il a été décerné un mandat de dépôt, un mandat d'arrêt ou une ordon-

nance de prise de corps, sont provisoirement sus-
pendus de leurs fonctions.

6. Aucun membre du sénat ne peut être poursuivi
ni arrêté pour crime ou délit, ou pour contravention
entraînant la peine de l'emprisonnement, qu'après
que le sénat a autorisé la poursuite.

En cas d'arrestation pour crime flagrant, le procès-verbal est immédiatement transmis par le ministre de la justice au sénat, qui statue sur la
demande d'autorisation de poursuite.

Cette autorisation n'est pas nécessaire lorsqu'un
sénateur est poursuivi pour faits relatifs au service
militaire.

7. Sont maintenues toutes les dispositions du sénatus-consulte du 10 juillet 1852 auxquelles il n'est
pas dérogé par les articles précédens.

FIN DE L'APPENDICE.

LETTRES PATENTES

SÉNATUS-CONSULTES, LOIS ET DÉCRETS

CONTENUS DANS L'APPENDICE.

— — — —

Poitiers. — Typ. de A. Dupré.